AF374797

La Ecuación del Futuro:

Equilibrio entre Humanidad y Tecnología

Una Colección de Ensayos

por

Revista Mekiki

Publicado em español por Letras Ausentes Unipessoal Lda.

ISBN: 979-8-89214-024-9

Título: La Ecuación del Futuro: Equilibrio entre Humanidad y Tecnología

Autor: Mekiki

Editor: I. Calheiros

Portada del libro por: Álvaro Oliveira Para Mekiki Magazine

Diseño gráfico: Álvaro Oliveira Para Mekiki Magazine

Traducción: Ingrid Seabra

Publicado por primera vez en español en 2023 por Letras Ausentes Unipessoal Lda.

Contenido

El Estado Actual de la Humanidad

Al contemplar el estado de nuestro mundo, es esencial subrayar la paradoja que define nuestra época. Esta paradoja reside en los notables avances que hemos logrado en ciencia y tecnología y en las profundas fisuras sociales que se ensanchan simultáneamente. En esta disonancia entre progreso y división encontramos el quid de nuestra exploración.

Vivimos en una era de innovación sin precedentes. Hay una sensación palpable de cambio en el aire, una especie de metamorfosis que la humanidad no ha experimentado en épocas anteriores. La inteligencia artificial (IA), antes un concepto relegado al reino de la ciencia ficción, se está convirtiendo en parte integrante de nuestra vida cotidiana. Estamos aprovechando el poder del átomo, profundizando en los misterios del genoma humano y atisbando los confines del espacio con una claridad cada vez mayor.

Sin embargo, bajo esta apariencia de progreso, nos enfrentamos a una serie de problemas complejos e interconectados. Nuestra sociedad global se enfrenta a una creciente desigualdad, luchando por reconciliar la abundancia de riqueza con una pobreza profundamente arraigada. El cambio climático, un espectro de nuestra creación, se cierne ominosamente, desafiando nuestra supervivencia colectiva. La importancia de la privacidad y la seguridad es cada vez más evidente en un mundo en el que la red digital ha creado una sociedad hiperconectada.

Esta es la yuxtaposición que define nuestro tiempo: un mundo que se tambalea al borde de un potencial sin precedentes y de un fracaso catastrófico. Es un delicado acto de equilibrio, y la forma en que decidamos actuar ahora marcará el curso de la humanidad en las generaciones venideras.

Nuestra exploración no es académica. Buscamos una comprensión que vaya más allá de la superficie, buceando en el corazón de nuestros retos y posibilidades. Esto exige un análisis riguroso y una búsqueda del "por qué" que sustenta el "qué". Buscamos una visión global y completa que nos permita actuar con sentido.

Mirando a través de la lente de varias disciplinas —tecnología, política, sociología, etc. — esperamos obtener ideas que nos ayuden a comprenderlo.

El objetivo final no es simplemente pintar un cuadro del estado actual de la humanidad, sino suscitar un discurso que pueda guiarnos hacia un futuro mejor.

En esta compleja danza entre progreso y desafío, entre innovación y consecuencia, encontramos la narrativa de nuestro tiempo. Nuestras acciones y elecciones siguen influyendo y dando forma a esta historia a medida que se desarrolla. Le invitamos a unirse a nosotros en este viaje de exploración mientras profundizamos en el intrincado, a veces problemático, pero siempre fascinante reino de nuestra humanidad compartida.

El Impacto de las Nuevas Tecnologías y los Retos Mundiales

Nos encontramos en un punto de inflexión en el que la incesante marcha de la tecnología se encuentra con el formidable panorama de los desafíos globales. Esta encrucijada constituye el escenario en el que se decidirá el futuro de la humanidad, y sus protagonistas son las tecnologías emergentes y los problemas cada vez más complejos de nuestro mundo.

Pensemos en el poder transformador de la inteligencia artificial (IA), que está dando forma a industrias, agilizando procesos y acelerando la investigación. Maravilla del ingenio humano, la IA tiene el potencial de impulsar una eficiencia sin precedentes y romper los límites del conocimiento. Sin embargo, también plantea serias cuestiones éticas en relación con el desplazamiento de puestos de trabajo, la privacidad y la propia naturaleza de las interacciones hombre-máquina. Nuestro reto no es determinar si la IA puede progresar, sino decidir cómo debe progresar, qué principios morales deben defenderse y a qué intereses debe servir.

Del mismo modo, la realidad virtual (RV) extiende su mano inmersiva más allá del entretenimiento, llegando a la educación, la terapia y la formación profesional. La capacidad de la RV para salvar las diferencias geográficas y crear experiencias empáticas es poderosa. Sin embargo, surgen preocupaciones sobre los efectos psicológicos, el aislamiento social y el potencial de uso indebido para difundir desinformación o propaganda.

En el ámbito de la biotecnología, nuestra capacidad para editar el código genético nos sitúa en el precipicio de la erradicación de enfermedades hereditarias y la mejora de la seguridad alimentaria. Pero también abre la caja de Pandora de las implicaciones éticas, desde el peligro de crear desigualdades genéticas hasta las consecuencias imprevistas de la biodiversidad.

Paralelamente, al auge de la tecnología, el espectro de los desafíos globales proyecta una larga sombra. El cambio climático, producto de nuestras proezas industriales, amenaza tanto a los ecosistemas como a las sociedades humanas. El avance de la automatización socava la estabilidad social al aumentar la desigualdad de ingresos. Los riesgos de ciberseguridad, espoleados por nuestra conectividad cada vez mayor, plantean amenazas a la privacidad personal y a la seguridad nacional.

Así pues, nos encontramos en una danza de progreso y peligro. Las tecnologías emergentes prometen beneficios extraordinarios, pero también amplifican los retos existentes y plantean nuevos dilemas. Mientras tanto, nuestros problemas globales exigen medidas urgentes, pero también presentan oportunidades para las soluciones tecnológicas.

Lo que se hace evidente es la necesidad de un enfoque cuidadosamente estudiado. Un enfoque que equilibre la promesa de la tecnología con un profundo respeto por las posibles ramificaciones y que considere los retos mundiales no como obstáculos insuperables, sino como catalizadores de la innovación y la cooperación.

El viaje para comprender el estado actual de la humanidad depende de este delicado acto de equilibrio. Al desentrañar las complejidades de cada tema, seremos conscientes de sus interconexiones y de los efectos dominó que conectan la tecnología, la sociedad y nuestro futuro colectivo. Esta comprensión nos servirá no sólo como mapa de donde estamos, sino también como brújula que nos guiará hacia donde debemos aspirar a estar.

Objetivo del Libro

Al reflexionar sobre los contornos rápidamente cambiantes de nuestro mundo, el objetivo de este volumen es triple. En primer lugar, pretende examinar el gran tapiz de nuestro tiempo para comprender los hilos de la tecnología emergente y las dificultades globales que se entretejen para dar forma a nuestra existencia colectiva. En segundo lugar, pretende suscitar el debate, provocar la reflexión y fomentar la evaluación crítica de nuestra trayectoria actual. En tercer lugar, aspira a inspirar, no a consternar, pintando un cuadro de futuros potenciales a los que podemos aspirar.

El diálogo sobre nuestro estado actual es abundante, pero a menudo compartimentado. Las discusiones sobre tecnología existen en una esfera y los debates sobre cuestiones globales en otra. Este libro se atreve a cruzar estas fronteras, explorando las interconexiones entre estas esferas y cómo se influyen y moldean mutuamente.

Exploramos las posibilidades y los dilemas de la inteligencia artificial. Recorremos el panorama de la biotecnología, sopesando sus promesas y las consideraciones éticas que plantea. Examinamos el papel de la privacidad y la ciberseguridad en nuestra era hiperconectada y la delgada línea que separa la seguridad de la erosión de las libertades personales. Y analizamos el desafío polifacético del cambio climático, nuestra responsabilidad ante él y las transformaciones radicales que puede exigirnos.

Pero esta exploración no pretende ser un ejercicio pasivo. Es más bien una llamada a participar en el discurso y contemplar las implicaciones de estas tecnologías y desafíos. Las preguntas planteadas no son retóricas, sino reales. Sus respuestas no están predeterminadas, sino que esperan nuestra decisión colectiva.

Por otra parte, el propósito de este libro no es predecir el desastre o incitar al miedo. Por el contrario, pretende inspirar y dar una imagen de lo que podría ser si navegamos por este complejo terreno con sabiduría, empatía y previsión. Postula que, aunque los problemas son inmensos, también lo son nuestras capacidades de innovación, adaptabilidad y resistencia.

El objetivo de este libro es contribuir a la creación de un mundo que, ante cambios y retos trascendentales, opte por la evolución consciente. Una comprensión más profunda de los hilos que forman nuestro presente nos guía para tejer un futuro inclusivo, sostenible y centrado en el ser humano. Se trata de una búsqueda no sólo de comprensión, sino también de imaginación y aspiración. Y es un viaje en el que le invitamos a unirse a nosotros.

El objetivo de este libro es contribuir a la creación de un mundo que, ante cambios y retos trascendentales, opte por la evolución consciente. Una comprensión más profunda de los hilos que forman nuestro presente nos guía para tejer un futuro inclusivo, sostenible y centrado en el ser humano. Se trata de una búsqueda no sólo de comprensión, sino también de imaginación y aspiración. Y es un viaje en el que le invitamos a unirse a nosotros.

El Auge de la Tecnología Inteligencia Artificial

La inteligencia artificial, un concepto antes relegado al ámbito de la ciencia ficción, es ahora parte integrante de nuestra vida cotidiana. Este capítulo intenta explicar la esencia de este profundo avance tecnológico y su impacto global en la sociedad.

Estamos en los albores de una nueva era, marcada por los rápidos avances de la inteligencia artificial. Ya se trate de coches auto-conducidos que circulan por las calles de nuestras ciudades o de asistentes virtuales que gestionan nuestros horarios diarios, la inteligencia artificial se ha convertido en una fuerza transformadora del mundo moderno. Sin embargo, este auge de la IA plantea tantas preguntas como respuestas.

La llegada de la IA ha abierto oportunidades sin precedentes tanto para las empresas como para las personas. Ha redefinido nuestra productividad, permitiéndonos analizar grandes cantidades de datos con una rapidez y precisión asombrosas, transformando sectores que van desde la sanidad a las finanzas, pasando por la educación o el transporte. Sin embargo, debemos enfrentarnos a la cruda realidad de que estas máquinas, impulsadas por complicados algoritmos, pueden hacer innecesarios muchos empleos tradicionales.

La IA también ha invadido nuestras vidas personales, con algoritmos que predicen nuestras preferencias, gestionan nuestros horarios e incluso influyen en nuestras decisiones. Esto suscita preguntas pertinentes sobre el equilibrio entre comodidad y privacidad. ¿Estamos sacrificando nuestra autonomía y privacidad en aras de la comodidad de la IA? La respuesta, como suele ocurrir con los fenómenos complejos, no está clara.

Nuestra interacción con la IA también suscita cuestiones filosóficas más profundas sobre lo que significa ser humano. A medida que las máquinas son cada vez más capaces de replicar e incluso superar la inteligencia humana, nos vemos obligados a reevaluar nuestra comprensión de la cognición, la conciencia y la condición humana.

En esencia, la inteligencia artificial se erige como un faro de nuestra destreza tecnológica y un testimonio de nuestra incesante búsqueda de la innovación.

También nos recuerda con crudeza los dilemas a los que nos enfrentamos en esta era de rápidos avances tecnológicos. Mientras nos esforzamos por aprovechar el inmenso potencial de la IA, también debemos abordar las cuestiones éticas, sociales y filosóficas que plantea, garantizando un futuro en el que la tecnología esté al servicio de la humanidad, y no al revés.

En los siguientes ensayos, exploraremos cómo la IA está cambiando nuestro mundo y consideraremos cómo podemos navegar por este complejo panorama.

Ensayo 1
Evolución y Futuro de la IA

En el corazón de nuestra avanzada era digital late una fuerza de extraordinario potencial: la inteligencia artificial. Nacida de la imaginación humana y perfeccionada por nuestro incesante afán de crecimiento, la IA ha pasado de ser un concepto teórico para convertirse en una fuerza transformadora.

El progreso de la IA comenzó con humildes raíces en la década de 1950, una semilla plantada en el fértil terreno de la teoría matemática y la ciencia computacional. Sin embargo, las limitaciones tecnológicas y la enorme complejidad de simular la inteligencia humana atenuaron su promesa inicial. Los años siguientes fueron una montaña rusa de avances y retrocesos, periodos de optimismo conocidos como "primaveras de la IA" intercalados con "inviernos de la IA" de desilusión.

El siglo XXI trajo consigo una explosión de potencia de cálculo y datos —la savia de la IA—que la sacó de su invierno. Gracias a los avances en las redes neuronales y al aumento de la potencia de cálculo, el aprendizaje automático y el posterior aprendizaje generalizado pasaron a primer plano. Esta nueva ola de IA, denominada "IA estrecha", destacó en tareas específicas, desde el reconocimiento de voz al análisis de imágenes, transformando las industrias y la vida cotidiana.

De cara al futuro, la progresión de la IA promete una era de "inteligencia artificial general" (IAG), en la que la IA pueda ejecutar cualquier tarea cognitiva equivalente a la de un ser humano. La visión es la de sistemas que comprendan, aprendan, se adapten e implementen conocimientos en una amplia gama de tareas, un marcado alejamiento de nuestra actual "IA estrecha". Este salto tendría graves implicaciones, pues abriría las puertas a mejoras inimaginables, pero también plantearía importantes cuestiones éticas, sociales y existenciales.

Los beneficios probables son inmensos. La inteligencia artificial podría revolucionar la atención sanitaria proporcionando planes de tratamiento personalizados o ayudando en cirugías complejas. Podría acelerar la investigación en campos que van desde la climatología a la física cuántica. Podría mejorar la educación ofreciendo experiencias de aprendizaje individualizadas.

Sin embargo, la aparición de la inteligencia artificial también plantea grandes retos. El riesgo de desplazamiento de puestos de trabajo podría aumentar la desigualdad social. La preocupación por la privacidad y el control podría aumentar. El potencial de uso indebido en áreas como las armas autónomas es muy preocupante. También hay cuestiones filosóficas sobre lo que estos avances significan para nuestra comprensión de la inteligencia, la conciencia y nuestro lugar en el universo.

Al navegar por el futuro de la IA, nos enfrentamos a un delicado acto de equilibrio. Se trata de perseguir la promesa única que encierra la IA y, al mismo tiempo, actuar con mucha cautela. Se trata de ir más allá de los límites de lo tecnológicamente posible y cuestionar al mismo tiempo lo que es éticamente aceptable y socialmente deseable.

El crecimiento y el futuro de la IA nos plantean un reto único. El camino que elijamos ante este reto determinará no sólo el futuro de la IA, sino el de la propia humanidad. Es un camino que nos exige no sólo destreza tecnológica, sino sabiduría profunda, consideración ética y toma de decisiones colectiva. A medida que avanzamos en nuestra exploración de la IA, lo hacemos con plena conciencia de su complejidad y de la profunda responsabilidad que recae sobre nuestros hombros.

Retos Éticos que Plantea la IA

La revolución digital plantea un reto en términos de consideraciones humanas. Como brújula para navegar por este terreno, nuestro debate se centra en los retos éticos inherentes al desarrollo de la inteligencia artificial.

El primer dilema gira en torno a la responsabilidad. En un mundo impulsado por la IA, la determinación de la responsabilidad por las decisiones tomadas o las acciones emprendidas por los sistemas autónomos se vuelve turbia. Si un vehículo soberano, al que se ha enseñado a tomar decisiones en fracciones de segundo, causa daños, ¿quién debe responder? ¿El programador? ¿El fabricante? ¿O el propio sistema de inteligencia artificial? Esta falta de responsabilidad clara puede dar lugar a enigmas morales y jurídicos.

La IA también se enfrenta a cuestiones de parcialidad e imparcialidad. Los algoritmos de aprendizaje automático son tan imparciales como los datos con los que se entrenan. Si los datos de entrenamiento contienen prejuicios, la IA los adoptará de forma inherente, dando lugar a resultados discriminatorios en áreas como la contratación, la aplicación de la ley y la aprobación de préstamos.

Un tercer reto tiene que ver con la privacidad y la vigilancia. En una era en la que las estadísticas son el nuevo petróleo, el voraz apetito de información de la IA podría conducir a una erosión de la privacidad personal. El auge de las tecnologías de reconocimiento facial y de la policía predictiva, aunque potencialmente beneficiosas, podrían igualmente dar paso a una realidad distópica de vigilancia e intrusión injustificadas.

El potencial de la IA y la automatización para perturbar el mercado laboral plantea otro reto. A medida que la IA pueda realizar tareas cada vez más complejas, muchos puestos de trabajo podrían resultar redundantes, exacerbando las desigualdades económicas. Equilibrar la necesidad de progreso con la posibilidad de un desplazamiento generalizado de puestos de trabajo plantea un complejo dilema.

Por último, el potencial de la inteligencia artificial, que iguala o supera el intelecto humano, también plantea importantes dilemas. ¿Tendrá derechos la inteligencia artificial? ¿Cómo garantizar que estos sistemas se ajustan a los valores y prioridades humanos? ¿Y cómo mitigar el riesgo de una IA "superinteligente" que pueda suponer un peligro existencial para la humanidad?

Para hacer frente a estos retos no sólo será necesaria la perspicacia técnica, sino también una reflexión profunda, un discurso público informado y una formulación de políticas sensata. Garantizar que la IA sirva al bien colectivo en lugar de amplificar las desigualdades existentes o crear otras nuevas es una tarea fundamental. Debemos preguntarnos no sólo qué puede hacer la IA, sino qué debería hacer.

En conclusión, los retos que plantea la IA son tan amplios como complejos. Exigen una respuesta meditada y concertada de todas las partes interesadas, desde los responsables políticos y los tecnólogos hasta los educadores y los ciudadanos. A medida que nos adentramos en la era de la IA, nuestra capacidad para afrontar estos retos determinará en gran medida el mundo que estamos construyendo para nosotros y para las generaciones futuras.

La IA y el Desplazamiento de Puestos de Trabajo

En la crónica continua de la innovación tecnológica humana, pocos capítulos suscitan tanta aprensión como la capacidad de la inteligencia artificial (IA) para desplazar puestos de trabajo. La fusión de una IA sofisticada con intrincados mecanismos de automatización podría transformar drásticamente el panorama de la producción, el trabajo y el empleo.

En primer lugar, es crucial discernir que el desplazamiento por la IA no se distribuye uniformemente por sectores o regiones. Los empleos compuestos por tareas muy repetitivas o los que requieren grandes capacidades de procesamiento de datos son más susceptibles. Por el contrario, las funciones que exigen creatividad, inteligencia emocional o resolución de problemas complejos tienen menos probabilidades de sufrir un desplazamiento inmediato.

Sin embargo, el atractivo de la eficiencia y la maximización de beneficios podría llevar a las empresas a automatizar incluso los empleos semicualificados. El Foro Económico Mundial estima que para 2025, las máquinas y la IA desempeñarán más responsabilidades que los humanos en el lugar de trabajo. El poder transformador de la IA puede amplificar las desigualdades sociales y económicas existentes, afectando de manera desproporcionada a quienes desempeñan funciones menos cualificadas.

Debemos reflexionar sobre las capacidades del subempleo inducido por la IA. Incluso si la IA no sustituye por completo la actividad humana, podría disminuir la demanda de ciertas habilidades, lo que llevaría a una degradación de la carrera profesional. Además, si la proliferación de la IA conduce a una abundancia de trabajadores, los empresarios podrían aprovecharla para suprimir los salarios, empeorando la desigualdad de ingresos.

Sin embargo, es esencial reconocer que la IA también podría generar nuevas oportunidades de empleo. A medida que la IA y la automatización se integren más en nuestras economías, aumentará la demanda de profesionales capaces de desarrollar, mantener y gestionar estas tecnologías. La IA podría liberar a los empleados de tareas mundanas, ofreciéndoles la posibilidad de hacer un trabajo más significativo.

En conclusión, la interacción entre la IA y el desplazamiento de puestos de trabajo es compleja y polifacética. No se trata sólo de cuántos puestos de trabajo se perderán, sino también de cómo se transformará el trabajo como construcción social. A medida que seguimos aprovechando el poder de la IA, debemos crear estrategias que mitiguen el posible desplazamiento de puestos de trabajo, invertir en la recalificación y construir una economía que valore todas las formas de trabajo. Es a través de este enfoque reflexivo que podemos garantizar un futuro en el que los seres humanos y la IA actúen en concierto y no en competencia.

La IA en la Atención Sanitaria

La inteligencia artificial en la atención sanitaria es quizá uno de los ejemplos más significativos de la capacidad de la tecnología para revolucionar las industrias. En el centro de esta transformación hay una aspiración encomiable: mejorar los resultados de los pacientes, impulsar la accesibilidad y mejorar la eficiencia de los sistemas sanitarios en todo el mundo.

El impacto de la IA en el diagnóstico de enfermedades ya es profundo, con algoritmos de aprendizaje automático capaces de identificar patrones complejos en imágenes médicas, como tomografías computarizadas o resonancias magnéticas, que podrían eludir incluso a los clínicos más experimentados. Estos sistemas de IA ofrecen la posibilidad de detectar antes enfermedades potencialmente mortales, como el cáncer o las cardiopatías, aumentando así la tasa de supervivencia y reduciendo los costes asociados a los tratamientos tardíos.

La IA también puede transformar la atención al paciente, sobre todo con el auge de la telemedicina y la monitorización remota de pacientes. Los asistentes sanitarios virtuales con IA pueden ofrecer asistencia las 24 horas del día, responder a las preguntas de los pacientes, recordarles la medicación e incluso controlar sus parámetros de salud. Estas aplicaciones de IA podrían reducir la carga de trabajo de los profesionales sanitarios y facilitar el cumplimiento de los planes de tratamiento por parte de los pacientes.

Sin embargo, en medio de estos prometedores avances, surgen varios retos éticos y prácticos importantes. Uno de los más acuciantes es la privacidad de los datos. Dado que la IA necesita grandes cantidades de datos de los pacientes para funcionar con eficacia, el riesgo de que se produzcan filtraciones de datos o se haga un uso indebido de la información sanitaria personal es un auténtico motivo de preocupación.

Además, en caso de que un sistema de IA cometa un error médico, también se plantea la cuestión de la responsabilidad. Quién asume la responsabilidad en estos casos: ¿el proveedor de asistencia sanitaria, el desarrollador de la IA o el propio sistema de IA? Resolver estas cuestiones es imperativo para un uso seguro y justo de la IA en la asistencia sanitaria.

Por último, confiar demasiado en la IA en la atención sanitaria puede restar importancia al contacto humano, que es una parte fundamental de la atención al paciente. El equilibrio entre la tecnología y la interacción humana es vital para el desarrollo y la aplicación de la IA en la asistencia sanitaria.

La IA tiene la capacidad de marcar el comienzo de una nueva era en la atención sanitaria: más eficiente, precisa y personalizada. Sin embargo, debemos afrontar los retos que conlleva, centrándonos en el bienestar del paciente, las normas éticas y el acceso equitativo a estos avances. Sólo entonces podremos aprovechar plenamente el poder transformador de la IA en la atención sanitaria.

La RV más Allá de los Juegos

En la mente del público, la realidad virtual (RV) puede ser sinónimo de experiencias de juego inmersivas. Sin embargo, la RV va mucho más allá de la última búsqueda en un paisaje digital. La RV está revolucionando el sector educativo, ofreciendo nuevas vías de interacción y ampliando nuestras potencialidades como nunca.

En el ámbito de la educación, la RV está a punto de revolucionar el aprendizaje. En lugar de que los estudiantes lean pasivamente sobre el Imperio Romano o la biología molecular, pueden explorar estos mundos directamente a través de la RV. Este método puede facilitar una comprensión y una retención más profundas de la información, haciendo de la educación un proceso activo y no pasivo. Es un panorama apasionante en el que el aula no tiene fronteras y el aprendizaje experimental es accesible a todos, con independencia de la ubicación geográfica.

También la sanidad está comprendiendo el poder de la RV. Los cirujanos pueden ahora practicar procedimientos complejos con la RV antes de realizar operaciones reales, lo que mejora sus habilidades y reduce el riesgo para el paciente. Del mismo modo, la RV se utiliza en terapia física y psicológica, ayudando a los pacientes a recuperarse de lesiones o a afrontar problemas de salud mental en entornos virtuales seguros y controlados.

En los sectores arquitectónico e inmobiliario, la RV permite realizar recorridos realistas en 3D de edificios y viviendas aún por construir. Esta tecnología no sólo ayuda a los arquitectos a visualizar sus proyectos con mayor eficacia, sino que también permite a los compradores experimentar una propiedad como si estuvieran físicamente presentes, lo que facilita su proceso de toma de decisiones.

Aunque estos avances pintan un panorama brillante para el futuro de la RV, también debemos enfrentarnos a un puñado de retos. El elevado coste de la tecnología de RV puede limitar su accesibilidad, profundizando la brecha automatizada. Como ocurre con cualquier automatización, hay que tener en cuenta las repercusiones y consideraciones sanitarias, sobre todo en relación con el uso prolongado y la probable adicción a la RV.

Para terminar, nos parece que el viaje de la RV a través de los juegos no ha hecho más que empezar. Los usos son transformadores e innumerables, lo que sugiere un futuro en el que nuestra relación con el mundo electrónico será cada vez más fluida. Es importante asegurarse de que el uso de la RV sea ético, razonable y esté diseñado para el bien de la humanidad a medida que avanzamos.

RV e Interacción Social

A menudo, cuando pensamos en la Realidad Virtual (RV), la imagen que surge es solitaria: una persona desconectada de su entorno, inmersa en un mundo propio. Sin embargo, esta imagen no resume toda la historia. El verdadero poder de la RV podría no ser su capacidad de aislar, sino de conectar, ofreciendo nuevos espacios para la interacción social que encierran a la vez un enorme potencial y complejos desafíos.

La RV nos permite crear comunidades digitales sin limitaciones geográficas. Estos espacios permiten a los usuarios interactuar en entornos inaccesibles en el mundo físico. Las implicaciones son especialmente profundas para las personas discapacitadas o confinadas en casa. Con la RV, podrían asistir a conciertos, reunirse con amigos en lugares exóticos o incluso volver a caminar, aunque sólo fuera virtualmente.

Además, la capacidad de la RV en entornos profesionales es notable. El trabajo a distancia es cada vez más frecuente, y la RV podría transformarlo aún más. Imaginemos un espacio de trabajo digital inmersivo en el que trabajadores aislados colaboren como si estuvieran en la misma sala: intercambiando ideas en una pizarra automatizada o explorando modelos 3D del último diseño de producto. Esto podría mejorar la productividad al tiempo que mitigaría el aislamiento que a menudo se asocia con el trabajo a distancia.

Sin embargo, mientras celebramos las posibilidades de la RV en las interacciones comunitarias, no debemos pasar por alto los problemas que están surgiendo. Se plantea la cuestión de la autenticidad: ¿puede un abrazo virtual sustituir a uno real? Aunque la RV puede crear una sensación de presencia, hay aspectos de la interacción física que no puede reproducir, al menos de momento.

Existe el riesgo de que la RV se convierta en un sustituto más que en un complemento del contacto cara a cara. La posibilidad de que se produzca una "adicción a la RV" y sus repercusiones en la salud mental requieren una exploración y un seguimiento cuidadosos. También es esencial comprender que, si bien la RV puede conectarnos a través de continentes, también podría exacerbar la brecha digital entre quienes tienen acceso a dicha tecnología y quienes no.

Los efectos de la RV en la interacción pública sólo están empezando a desplegarse. Aunque existen dificultades, el potencial de la RV para enriquecer nuestras vidas es enorme. Nos encontramos en el umbral de una nueva frontera en la interacción humana, en la que debemos equilibrar los avances tecnológicos con la preservación de los aspectos humanos de la conexión.

RV y Salud Mental:

Potencial y Dificultades

La realidad virtual (RV) abre nuevas y vastas fronteras en el tratamiento de la salud mental. Sus cualidades inmersivas nos permiten recrear, comprender y manipular terapéuticamente los complejos estados cognitivos y emocionales que subyacen a los trastornos mentales.

Una de las aplicaciones más prometedoras de la RV es la terapia de exposición, sobre todo para las personas que sufren fobias o estrés postraumático. Al recrear situaciones desencadenantes en un entorno controlado, la RV permite a los terapeutas exponer a sus pacientes a estímulos que inducen miedo, fomentando la resiliencia con el tiempo. El mundo dentro del casco de RV es, al mismo tiempo, lo bastante genuino como para provocar reacciones auténticas y lo bastante artificial como para proporcionar una red de seguridad.

Además del tratamiento, la RV tiene el potencial de entrenar habilidades de regulación emocional. Las técnicas de gestión del estrés, como la atención plena, pueden enseñarse en entornos inmersivos, lo que aumenta su eficacia. Imagínese a un paciente con ansiedad aprendiendo ejercicios de respiración profunda en una tranquila playa virtual. Su frecuencia respiratoria y cardiaca se monitorizan e integran en la experiencia de RV para proporcionar información en tiempo real.

Pero a medida que nos aventuramos en este nuevo mundo de la terapia digital, también debemos ser conscientes de los riesgos. Por mucho que la RV pueda ayudar a tratar problemas de salud mental, si se utiliza de forma irresponsable podría contribuir a agravarlos. Debemos conocer el riesgo de uso excesivo o incluso de adicción a los entornos de RV. Aunque la RV puede facilitar la curación, también podría utilizarse para infligir daños psicológicos. Tenemos que lidiar con estas implicaciones éticas para evitar los efectos adversos de la tecnología de RV en la salud mental.

La RV en los Futuros Lugares de Trabajo:

Perspectivas y Retos

La realidad virtual (RV), antaño terreno de la ciencia ficción, se está convirtiendo cada vez más en una faceta interesante de nuestra realidad cotidiana. Más allá de su papel bien establecido en los juegos y el entretenimiento, la RV tiene un potencial considerable para revolucionar el lugar de trabajo moderno.

En una época en la que el trabajo a distancia es cada vez más habitual, la RV puede reproducir e incluso mejorar la experiencia de la presencia física. Imagínese ponerse un casco de RV y entrar en una sala de reuniones al otro lado del mundo, interactuando con sus colegas como si estuvieran en persona. O tal vez el uso de la RV para recrear los encuentros fortuitos de un entorno de oficina —esos encuentros casuales en la máquina de café— pueda impulsar la innovación.

Otra aplicación fascinante de la RV es la formación. Por ejemplo, los estudiantes de medicina podrían realizar intervenciones quirúrgicas en entornos generados por ordenador, cometiendo errores sin consecuencias nefastas, antes de pasar a pacientes reales. Los bomberos y los ingenieros podrían utilizar simulaciones virtuales para practicar la extinción de incendios y la gestión de reactores nucleares.

Mientras contemplamos estas apasionantes perspectivas, no debemos pasar por alto las pruebas que las acompañan. Una de las principales preocupaciones es el efecto de la RV en la psique humana. La exposición prolongada a mundos simulados puede afectar a nuestro sentido de la realidad con resultados que aún no son comprensibles. ¿Podría la confusión de lo real y lo virtual provocar disonancias cognitivas o incluso trastornos psicológicos? El impacto del uso prolongado de la RV en la salud física, sobre todo en la visión y la postura, es otro aspecto crítico que merece atención.

En segundo lugar, la privacidad y la seguridad de los datos pasan a primer plano. Si nuestros puestos de trabajo se vuelven virtuales, ¿qué ocurre con la seguridad de la información delicada? A medida que nuestras interacciones con los compañeros se trasladan a plataformas de RV, necesitamos sistemas robustos que protejan nuestro secreto y garanticen la integridad de los datos.

En tercer lugar, debemos contemplar el riesgo de que se amplíe la brecha digital. A medida que la tecnología de RV se integra en las organizaciones, los que no tienen acceso a ella corren el riesgo de quedarse atrás, exacerbando las desigualdades existentes.

La realidad virtual está a punto de remodelar nuestros sistemas de un modo que sólo estamos empezando a comprender. Promete una mayor flexibilidad, más colaboración y experiencias de formación inmersivas. Sin embargo, los problemas que plantea son considerables y no pueden descartarse a la ligera. A medida que avanzamos en este nuevo territorio, es imperativo navegar por estas aguas con previsión y cuidado, garantizando que nuestros futuros lugares de trabajo sean inclusivos, seguros y propicios para el florecimiento humano.

Implicaciones sociales: privacidad y ciberseguridad

En nuestra era digital, la frontera entre los ámbitos público y privado es cada vez más fluida. La facilidad de acceso a la información y la naturaleza interconectada de nuestras vidas han suscitado nuevas preocupaciones, especialmente en torno a la privacidad y la ciberseguridad.

La ubicuidad de Internet ha revolucionado nuestra forma de comunicarnos, de trabajar y de acceder a la información. La contrapartida, sin embargo, es que nuestras huellas digitales (rastros de nuestras identidades, comportamientos, preferencias y actividades) están ahora dispersas por el paisaje digital, expuestas a la mirada de empresas y gobiernos.

En la era de los macrodatos, estos fragmentos de nuestro yo digital son más que mera información: son mercancías valiosas. Las empresas recopilan y procesan estos datos para predecir nuestros comportamientos, adaptar nuestras experiencias e incluso influir en nuestras decisiones. Los gobiernos los utilizan para mejorar los servicios públicos, mantener la seguridad y, a veces, ejercer el control. A medida que nuestras vidas se digitalizan cada vez más, surge la pregunta: ¿dónde queda nuestro derecho a la intimidad?

Simultáneamente, también nos enfrentamos a una escalada de amenazas en materia de ciberseguridad. A medida que dependemos más de las redes digitales, desde nuestros sistemas bancarios hasta nuestras redes eléctricas, nos volvemos más vulnerables a los ciberataques. Las filtraciones de datos, el robo de identidades y los ataques de ransomware han dejado de ser ficción para convertirse en realidades a las que se enfrentan millones de personas.

Nuestra creciente dependencia de sistemas interconectados ha elevado el riesgo y el impacto potencial de los ciberataques. Una sola brecha puede provocar trastornos generalizados que afecten por igual a particulares, empresas y naciones. De ahí que no pueda exagerarse la importancia de unas medidas de ciberseguridad sólidas.

Pero no se trata sólo de soluciones tecnológicas. También debemos hacer frente a las dimensiones sociales y éticas de estos encuentros. En nuestra búsqueda de la seguridad, ¿cuánto aislamiento personal estamos dispuestos a sacrificar? ¿Cómo garantizar que nuestras respuestas a las ciber amenazas no vulneren nuestros derechos y libertades?

En los siguientes ensayos profundizaremos en estas cuestiones. Exploraremos las complejidades de mantener la privacidad en un mundo cada vez más interconectado, los retos y estrategias para garantizar la ciberseguridad y los dilemas éticos a los que nos enfrentamos al navegar por este delicado equilibrio. Con ello pretendemos fomentar una comprensión más profunda de estos problemas acuciantes y estimular un debate reflexivo sobre cómo podemos abordarlos.

La Privacidad en la Era de los Macrodatos:

Una Frontera Inexplorada

El advenimiento de la era digital, en concreto la era de los macrodatos, plantea un complejo dilema en nuestra búsqueda de la privacidad. Cada clic, cada deslizamiento y cada interacción en línea dejan un rastro de migas de pan esparcidas en el vasto desierto del ciberespacio.

Esta creación constante de especificaciones, aparentemente inofensivas, se suma a una compleja descripción basada en la web de nuestros hábitos, preferencias y comportamientos. Empresas, gobiernos e instituciones de investigación utilizan estos perfiles para dar forma a nuestras experiencias, formular políticas e incluso predecir nuestras acciones futuras.

Los beneficios de los macrodatos son innegables. Su aplicación ha impulsado avances en muchos campos, desde la sanidad, donde los modelos predictivos ayudan a identificar patrones de enfermedad, hasta la planificación urbana, donde los detalles del tráfico informan sobre el desarrollo de infraestructuras. Sin embargo, en medio de estos prometedores avances, las cuestiones de la ocultación y el consentimiento acechan en un segundo plano, a veces pasadas por alto, pero nunca verdaderamente distantes.

En la era de la automatización, la confidencialidad encierra una paradoja fundamental. A pesar de valorarla, revelamos voluntariamente importantes cantidades de material privado por vía electrónica. ¿Es esto una contradicción o una nueva norma para la ciudadanía virtual?

En segundo lugar, el marco jurídico de la privacidad en línea sigue en estado de cambio. Cada país tiene su propia normativa, e Internet, como entidad global, no respeta las fronteras nacionales. ¿Cómo garantizar la protección de la privacidad en este intrincado y entrelazado mundo digital?

Una tercera preocupación surge del manejo corporativo de la información. Empresas como Google y Facebook se han enfrentado al escrutinio por sus prácticas de documentación. Pero más allá de estos gigantes tecnológicos, una plétora de entidades más pequeñas también acumula y comercian con registros de usuarios, a menudo sin consentimiento explícito. ¿Es justo entonces que la carga de la protección de la privacidad recaiga únicamente en el usuario?

Mientras exploramos este terreno desconocido, es esencial aspirar a un término medio que permita el uso de grandes datos, salvaguardando al mismo tiempo el espacio personal. Esto requerirá un enfoque polifacético: medidas legales, soluciones tecnológicas y un cambio cultural en nuestra forma de entender la protección de los datos personales.

Salvaguardar la información confidencial en la era de los grandes datos es una tarea colosal que exige una vigilancia constante, estrategias innovadoras y un firme compromiso con los protocolos éticos de los hechos. A medida que damos forma a los paisajes informatizados del futuro, asegurémonos de que el derecho a la privacidad siga siendo una piedra angular, un faro que guíe nuestro progreso.

Tecnologías de Vigilancia y Sociedad:

Un Cuidadoso Acto de Equilibrio

La lucha entre seguridad y libertad ha existido siempre a lo largo de la historia, pero nunca ha sido tan evidente como en nuestra sociedad moderna, caracterizada por el rápido avance tecnológico. En la vanguardia de esta dinámica se encuentra el campo en constante desarrollo de la tecnología de vigilancia, que, si bien promete una mayor seguridad, plantea profundos interrogantes sobre nuestros valores sociales, en particular la privacidad y la libertad individual.

Las herramientas de vigilancia, incluidos los programas de reconocimiento facial, los algoritmos de extracción de datos y las tecnologías de drones, son ahora omnipresentes. Estas herramientas prometen medidas de seguridad mejoradas, desde operaciones antiterroristas hasta protocolos de protección comunitaria. Los beneficios tangibles son irrefutables: identificación rápida de las amenazas, aplicación eficaz de la ley y, tal vez, disuasión general de las actividades ilegales.

Sin embargo, cabe preguntarse a qué precio se obtienen estos beneficios. ¿Y quién paga el precio?

El carácter de la tecnología de observación implica una violación incorporada de los territorios individuales, tanto físicos como digitales. Esta intrusión suscita preocupaciones válidas sobre la privacidad, la autonomía y el posible uso indebido de tales dispositivos. En pocas palabras, en nuestra apuesta por una comunidad más segura, ¿estamos creando inadvertidamente un estado de vigilancia en el que el Gran Hermano vigila sin cesar?

La cuestión de la autoridad sobre estas máquinas complica aún más el discurso. Aunque los gobiernos utilizan estas herramientas bajo la bandera de la seguridad nacional, no puede pasarse por alto la creciente influencia del sector privado en este ámbito. La recogida, almacenamiento y análisis de datos por parte de entidades corporativas, bajo el pretexto de "mejorar la experiencia del usuario", presenta otra capa de seguridad, a menudo menos escrutada que las acciones estatales.

La aplicación desigual de las tecnologías de vigilancia, más aguda en las comunidades marginadas, suscita debates sobre la justicia social. ¿Estas herramientas exacerban las divisiones sociales y perpetúan los prejuicios?

Al abordar estas cuestiones, debemos tener presente que la tecnología refleja las intenciones de sus usuarios y no es más que una herramienta. Por lo tanto, para abordar los problemas que plantean los equipos de observación, se necesita una estrategia polifacética: revisar los marcos jurídicos, cultivar el sentido de la responsabilidad y fomentar la apertura en su uso.

En definitiva, los mecanismos de observación y la sociedad participan en una delicada interacción, un contrapunto entre protección y autonomía. El camino a seguir no consiste en rehuir estas innovaciones, sino en navegar por sus complejidades con sensatez, garantizando que nuestra búsqueda de la seguridad no pisotee nuestras preciadas libertades.

Equilibrio entre Seguridad Nacional y Privacidad:

El delicado Equilibrio

Al contemplar el panorama del siglo XXI, nos enfrentamos a una intrincada paradoja en la que un tenso hilo se suspende entre dos pilares monumentales: la seguridad nacional y la privacidad personal. El reto de nuestro tiempo no consiste en inclinarse por uno u otro, sino en navegar por el matizado equilibrio que preserva ambos.

La seguridad nacional se ha vuelto más compleja con los avances tecnológicos y la interconexión mundial. La aparición de amenazas nebulosas, desde el ciberterrorismo hasta el espionaje sofisticado, justifica la necesidad de sistemas avanzados de vigilancia y mecanismos de recogida de información. La preservación de la soberanía de una nación y la seguridad de sus ciudadanos tienen, con razón, una importancia primordial en el mandato de cualquier gobierno.

Por el contrario, el elemento básico del secreto personal se entrelaza en la composición de la gobernanza democrática y la independencia individual. No es un lujo, sino un derecho humano fundamental. Sin embargo, en el panorama digital moderno, su erosión es cada vez más frecuente, a menudo bajo la sombra de medidas de seguridad reforzadas.

La tensión entre estas dos facetas no es un juego de suma cero, a pesar de la frecuencia con que se presenta. De hecho, es una interacción compleja que requiere una navegación astuta y una negociación persistente. La tarea que tenemos por delante, por tanto, no es disminuir una en favor de la otra, sino comprender cómo pueden coexistir en armonía.

Las medidas legislativas desempeñan un papel fundamental en este empeño. Las leyes deben adaptarse a la fluidez de los avances tecnológicos, protegiendo los derechos de privacidad de los ciudadanos y permitiendo al mismo tiempo las medidas de seguridad necesarias. La supervisión y regulación de los programas de vigilancia son imprescindibles para evitar posibles extralimitaciones y usos indebidos.

Mientras tanto, la adopción de tecnologías que preserven la privacidad, como el cifrado de extremo a extremo y las técnicas de anonimización, pueden crear un amortiguador que permita que las operaciones de seguridad coexistan con los espacios digitales privados. Estas herramientas representan la simbiosis potencial entre seguridad y privacidad.

Por último, el fomento de un diálogo abierto entre los responsables políticos, los tecnólogos y el público puede generar un entorno de entendimiento y consenso. La transparencia en las acciones gubernamentales y la claridad en las políticas de confidencialidad de las plataformas automatizadas ayudan a los usuarios a comprender y navegar por el nexo entre seguridad y privacidad.

La búsqueda de la seguridad nacional no debe suponer la pérdida de la privacidad, del mismo modo que la protección de la privacidad no debe hacer vulnerables a nuestras naciones. Alcanzar un equilibrio no sólo es deseable, sino absolutamente necesario para preservar los valores sociales que apreciamos. Al fin y al cabo, en el baile entre seguridad y privacidad, la música es una democracia, y debemos asegurarnos de que nunca deje de sonar.

El Papel de la IA en la Ciberseguridad:

Un Guardián Emergente

A medida que se profundiza en la complejidad de nuestra existencia digital y aumenta el peligro de los riesgos cibernéticos, ha surgido un nuevo centinela en el ámbito de la ciberseguridad: la inteligencia artificial (IA). Como un complejo tapiz de aprendizaje automático, análisis predictivo y reconocimiento de patrones, la IA sirve como eje fundamental en la defensa contra un conjunto de ciber amenazas en constante cambio.

La ciberseguridad, en su esencia, es un ejercicio de detección de anomalías. Los métodos convencionales tienen dificultades con la avalancha de datos y la naturaleza cada vez más sofisticada de los ataques. Aquí es donde la IA, con su capacidad para cribar grandes volúmenes de datos y discernir patrones en nanosegundos, tiene la probabilidad de ser transformadora.

Los sistemas de ciberseguridad impulsados por IA pueden aprovechar el aprendizaje automático para adaptarse y desarrollarse, aprendiendo de cada interacción y afinando sus capacidades predictivas. Estas técnicas pueden identificar posibles amenazas y vulnerabilidades, a menudo antes de que sean explotadas, y ejecutar respuestas rápidas y automatizadas. La ventaja reside no sólo en la detección, sino también en la prontitud de la respuesta, un elemento a menudo decisivo en el mundo de la ciberseguridad.

Sin embargo, es importante reconocer que, aunque la IA puede ser un potente aliado en ciberseguridad, las entidades maliciosas también pueden convertirla en un arma. Los ataques de adversarios diseñados para engañar a los sistemas de IA, la creación de sofisticados algoritmos de phishing y el uso de la IA para perpetrar estafas de *deepfake* son solo algunos ejemplos.

Navegar por esta espada de doble filo exige un enfoque que sea a la vez tecnológicamente astuto y éticamente guiado. Para frustrar el uso indebido de la IA en ciberseguridad, debemos acompañar su despliegue de sólidos mecanismos de protección. Esto incluye pruebas rigurosas contra ataques adversarios, supervisión continua de los comportamientos de la IA e informes transparentes de los procesos de toma de decisiones de la IA.

También debemos considerar las implicaciones de confiar un ámbito tan crítico a la inteligencia artificial. Aunque la IA puede aportar inmensas proezas técnicas, la responsabilidad de la ciberseguridad no puede abdicarse totalmente en las máquinas. El elemento humano, con su capacidad de juicio ético, intuición y comprensión matizada, debe seguir siendo parte integrante del proceso.

De cara al futuro, podemos imaginar un panorama de ciberseguridad en el que la IA y los humanos trabajen en sinergia. Las máquinas ofrecen un rápido poder de cálculo y una vigilancia incesante, mientras que los humanos aportan la capacidad de comprender el contexto, emitir juicios basados en valores y resolver problemas de forma creativa.

La inteligencia artificial, en su papel de guardián emergente de la ciberseguridad, encarna una fusión de oportunidad y desafío, de inmenso potencial y riesgos notables. Mientras trazamos el camino a seguir, la clave reside en aprovechar esta poderosa herramienta con sensatez, responsabilidad y una clara comprensión de las polifacéticas implicaciones de su uso.

El Papel de las Redes Sociales en la Democracia Moderna

La democracia, un sistema que se sustenta en los pilares de la libertad, la igualdad y la transparencia, se encuentra en un tango paradójico con los medios sociales, una herramienta que puede tanto iluminar como ofuscar estos mismos ideales. La inextricable fusión de estas dos entidades ha dado lugar a una nueva forma de política participativa en la que el individuo no es un observador, sino un contribuyente activo.

Al principio, quizá los medios sociales, con su llegada, extendieron la promesa de una mayor democratización. Ofrecían una plataforma para el diálogo, ampliaban la amplitud y profundidad de la información accesible al público y derribaban las barreras de la distancia geográfica. Dio poder a la gente: para tener voz, para deliberar, para disentir y para decidir.

Movimientos notables, como las campañas #MeToo, Primavera Árabe y *Black Lives Matter*, son un claro testimonio de la potencia de las redes sociales para impulsar la acción colectiva. Las plataformas de los medios sociales sirvieron de nexo, de plaza general, donde el diálogo fluyó libremente y donde la solidaridad cristalizó en acción.

Sin embargo, también debemos reconocer la otra cara de la moneda, en la que las redes sociales sirven como arma de doble filo en nuestro discurso democrático. En medio de la cacofonía de voces, la autenticidad y la exactitud de la información están cada vez más envueltas en la ambigüedad. La susceptibilidad de los programas de las redes sociales a la propagación de la desinformación, la tecnología *deepfake* y los contenidos divisivos tiene el potencial de socavar el tejido autónomo, agitando la discordia civil, manipulando la opinión pública y erosionando la confianza en las instituciones.

Además, la naturaleza algorítmica de estas plataformas, diseñadas para mantener la atención de los usuarios, crea cámaras de eco que refuerzan las creencias existentes y silencian las opiniones discrepantes. En lugar de fomentar una ciudadanía informada, este efecto involuntario genera polarización, una división tajante que es antitética al esfuerzo de consenso que encarna la democracia.

Es esta compleja dualidad de la función de los medios sociales en un autogobierno moderno, lo que requiere una comprensión matizada y un enfoque mesurado. A medida que la sociedad navega por este terreno inexplorado, resulta esencial lograr un delicado equilibrio entre el aprovechamiento del potencial de las redes sociales y la mitigación de sus peligros. Este equilibrio requiere una supervisión reguladora juiciosa, educación en alfabetización digital y el compromiso permanente de las empresas tecnológicas de dar prioridad al bien social sobre el compromiso algorítmico.

Los medios sociales no son ni intrínsecamente democráticos ni antidemocráticos; simplemente reflejan y amplifican las estructuras y comportamientos existentes en la sociedad. Por lo tanto, la cuestión no es el papel de los medios sociales, sino cómo elegimos utilizar esta herramienta en nuestros procesos. La respuesta a esta pregunta determinará no sólo el futuro de nuestras democracias, sino también la naturaleza de nuestra interconexión humana en esta era digital.

Modelos Emergentes de Gobernanza Democrática

La gobernanza democrática, un sistema vivo y dinámico, crece perpetuamente en respuesta a las transformaciones de la sociedad y a los retos mundiales. Estamos viendo nuevos modelos que integran los métodos tradicionales con las tecnologías modernas, la innovación y la participación ciudadana. Estos modelos en desarrollo ofrecen perspectivas prometedoras para mejorar la legitimidad, la eficiencia y la inclusividad de los procesos constitucionales.

La democracia digital directa, o democracia electrónica, es un arquetipo de este tipo de modelo, y aprovecha la tecnología para mejorar los canales de participación ciudadana. Con el voto electrónico, las peticiones en línea y las plataformas en línea para consultas gubernamentales y debates políticos, el dominio automatizado se está convirtiendo en un ágora contemporánea. Conlleva el potencial de revivir la libre asistencia y de comprometer y amplificar las voces de quienes antes estaban desvinculados y silenciados.

Sin embargo, a medida que digitalizamos aún más nuestros procesos de autogobierno, la necesidad de abordar las disparidades de acceso se vuelve primordial. A menos que se reduzca esta brecha digital, la democracia electrónica podría conducir inadvertidamente a la marginación de ciertos grupos socioeconómicos, perpetuando así las desigualdades existentes.

Otro ejemplo en alza es la elaboración participativa de presupuestos, un proceso en el que los ciudadanos participan en la toma de decisiones sobre los gastos comunales. Al implicar al público en la asignación del presupuesto, se promueve la transparencia, la rendición de cuentas y se fomenta el sentido de la responsabilidad cívica. Este enfoque de base empodera a la gente, lo que conduce a una mejor alineación de las decisiones presupuestarias con las necesidades de la comunidad y, por lo tanto, cultiva la confianza pública en la política.

Sin embargo, los procesos implicados requieren muchos recursos y tiempo y, sin las salvaguardias adecuadas, podrían ser capturados por grupos de intereses especiales. Por lo tanto, es vital garantizar un apoyo amplio y justo y gestionar los posibles conflictos de intereses.

El modelo de igualdad deliberativa ha ido ganando adeptos. Implica crear espacios para el debate informado entre los colonos y fomentar el entendimiento, el respeto y el compromiso mutuos. Prácticas como las asambleas de ciudadanos y las encuestas son expresiones de este modelo. Pretenden trascender la superficialidad de la política dominada por los eslóganes y cultivar una libertad profunda arraigada en la deliberación social reflexiva.

Estos foros pueden requerir muchos recursos y sus resultados suelen ser más consultivos que vinculantes. Por lo tanto, traducir las ideas de estas deliberaciones en acciones políticas sigue siendo un reto formidable.

En conclusión, estos modelos emergentes de administración autónoma reflejan un movimiento hacia prácticas más inclusivas, participativas y deliberativas. Cada uno de ellos ofrece ventajas únicas, pero también conlleva su propio conjunto de retos que deben gestionarse. Al aventurarnos en este nuevo mundo de experimentación, debemos centrarnos en fomentar una cultura de aprendizaje, adaptación e innovación continuos. Es en este espíritu de apertura y adaptabilidad donde la autonomía, en su verdadera esencia, prosperará.

Los Derechos Humanos en la Era Digital

En la era digital moderna, nuestra comprensión y aplicación de los derechos humanos se ven continuamente desafiadas y redefinidas. La revolución en línea ha dado lugar a profundas transformaciones sociales, proporcionando oportunidades sin precedentes para el desarrollo humano y la conectividad social. También presenta una serie de intrincados dilemas relativos a los privilegios humanos que deben examinarse y abordarse cuidadosamente.

Las plataformas automatizadas han surgido como vibrantes esferas públicas que permiten el libre intercambio de ideas y amplifican el alcance de las voces que abogan por los derechos y las libertades. Han movilizado movimientos por la justicia social, facilitado la solidaridad internacional y exigido responsabilidades a los poderes. También han sido el campo de batalla de la desinformación, la incitación al odio y el acoso en línea, planteando graves desafíos a la libertad de expresión y de opinión.

La adopción generalizada de las tecnologías modernas ha traído consigo una nueva frontera en las reivindicaciones de privacidad. Los datos personales, en esta era informatizada, se han convertido en un bien muy preciado, comercializado, procesado y analizado con diversos fines comerciales y gubernamentales. Aunque este enfoque basado en los datos puede reportar beneficios considerables, como servicios personalizados y formulación de políticas basadas en pruebas, también puede conducir a una vigilancia, elaboración de perfiles y manipulación intrusivas. Así pues, el derecho a la intimidad en esta era exige salvaguardias rigurosas para evitar el abuso y el uso indebido de los datos personales.

En este sentido, las tecnologías de cifrado y las leyes de protección de datos, como el Reglamento General de Protección de Datos (RGPD) de la Unión Europea, ofrecen baluartes cruciales. Su eficacia depende de una aplicación estricta y de la voluntad de las empresas de Internet de dar prioridad a los derechos de confidencialidad de los usuarios.

Las tecnologías digitales también han revolucionado el acceso a la información y el conocimiento, ampliando posiblemente el derecho a la educación. Las plataformas digitales de aprendizaje pueden democratizar la educación, haciéndola accesible a comunidades tradicionalmente desfavorecidas por barreras geográficas, económicas o físicas. Sin embargo, este cambio también pone de relieve la disparidad tecnológica: la desproporción en el acceso a la infraestructura tecnológica y a las competencias digitales. Si no se aborda esta brecha, la transformación corre el riesgo de exacerbar las disparidades existentes en la realización del derecho a la educación.

Por último, la era digital plantea nuevos encuentros con el derecho al trabajo y a unas condiciones laborales justas. La automatización y la inteligencia artificial están transformando la naturaleza del trabajo, creando nuevas oportunidades, pero también riesgos. Se están planteando cuestiones críticas sobre el desplazamiento de puestos de trabajo, la libertad de los trabajadores en la economía colaborativa y la necesidad de nuevas competencias y de aprendizaje permanente.

La era digital tiene implicaciones para todos los aspectos de los derechos humanos, lo que exige un replanteamiento de los marcos tradicionales. Exige enfoques basados en los derechos que se adapten a las nuevas realidades, al tiempo que defienden los principios fundamentales de universalidad, indivisibilidad e inalienabilidad de los derechos constitucionales. Un mundo digitalmente inclusivo, adecuado y respetuoso con los derechos no es un hecho, sino un objetivo por el que debemos luchar activamente.

Desafíos Globales: Cambio Climático y Biotecnología

El espectro del cambio climático se cierne sobre la narrativa global, proyectando largas sombras sobre nuestra conciencia colectiva. Por su parte, el auge de la biotecnología es un arma de doble filo: un faro de promesas y una fuente de inquietud. Ambas fuerzas plantean pruebas sin precedentes para nuestra época, que nos obligan a reevaluar nuestra relación con el medio ambiente y nuestra propia esencia como seres humanos.

El cambio climático, el problema más acuciante de nuestra era, nos enfrenta a una serie de efectos en cascada: aumento de las temperaturas, deshielo de los casquetes polares, cambios en el régimen de lluvias y mayor frecuencia de fenómenos meteorológicos extremos, entre otros. Pero la crisis climática no es sólo un problema medioambiental, sino que afecta a todos los aspectos de la existencia humana, desde la salud, la seguridad alimentaria y las estructuras económicas hasta los patrones migratorios y las desigualdades sociales.

Comprometerse con el cambio climático significa enfrentarse a la complejidad y la incertidumbre y cuestionar los paradigmas de consumo y crecimiento que sustentan las sociedades modernas. Nuestra respuesta a esta crisis dictará el legado que dejemos a las generaciones futuras. Exige cambios transformadores en nuestras tecnologías, políticas, estilos de vida y mentalidades.

Mientras tanto, en el ámbito de la biología, nos encontramos en los albores de una nueva era. La biotecnología, la manipulación de organismos vivos para obtener productos útiles, ha demostrado tener un potencial extraordinario. Ha revolucionado la medicina, la agricultura y la conservación del medio ambiente, ofreciendo soluciones a algunos de nuestros problemas más persistentes. Sin embargo, como todas las herramientas poderosas, la biotecnología conlleva riesgos y dilemas éticos.

La capacidad de manipular el tejido mismo de la vida plantea profundos interrogantes. ¿Hasta dónde debemos alterar nuestra biología o la de otras especies? ¿Cómo garantizar que los beneficios de la biotecnología se distribuyan equitativamente, evitando exacerbar las disparidades existentes?

Los siguientes ensayos ofrecerán un análisis más profundo de estos obstáculos globales. Exploraremos las múltiples repercusiones del cambio climático, el potencial y los escollos de la biotecnología, y las consideraciones sociales y éticas que se plantean. Esperamos iluminar la complejidad de estas cuestiones y provocar un debate reflexivo sobre cómo podemos navegar por estas aguas inexploradas. Las pruebas son inmensas, pero también lo son las oportunidades de innovación, adaptación y crecimiento.

Impacto Humano sobre el Clima

Al contemplar nuestra existencia en este pálido punto azul del planeta, debemos enfrentarnos a nuestro impacto sobre su clima. De hecho, el mundo natural baila al son de nuestros esfuerzos, un sombrío vals orquestado por las actividades antropogénicas. La escala de nuestra influencia en los sistemas climáticos del planeta es tal que nuestra época bien podría recordarse como el Antropoceno, la era de los humanos.

La principal de nuestras transgresiones atmosféricas es el rápido y continuo aumento de las emisiones de gases de efecto invernadero. El carbono que exhalamos a la atmósfera, procedente sobre todo de la quema de combustibles fósiles y la deforestación, está envolviendo nuestro planeta en un manto térmico cada vez más espeso. Numerosas pruebas científicas, como el aumento de las temperaturas de la superficie y el deshielo de los casquetes polares, demuestran claramente que el coro de carbono es el culpable del calentamiento global.

Sin embargo, limitarse a reconocer la existencia del calentamiento global es rozar la superficie de un océano mucho más profundo y turbulento. El aumento de las temperaturas desencadena una cascada de cambios medioambientales con implicaciones devastadoras. Amplifican los fenómenos meteorológicos mundiales extremos, como inundaciones, huracanes y sequías, que repercuten en el ciclo del agua. Provocan el deshielo de los polos y la subida del nivel del mar, amenazando a las comunidades costeras y a las naciones insulares. Sus acciones causan un efecto demoledor en la biodiversidad al alterar los hábitats y hacer que las especies se extingan a un ritmo acelerado.

Al mismo tiempo, debemos tener en cuenta otro aspecto importante, aunque a menudo pasado por alto, de nuestro impacto climático: la alteración del albedo o reflectividad de la Tierra. Nuestras actividades, desde la urbanización hasta la deposición de hollín en la nieve y el hielo, han alterado este parámetro climático crítico, amplificando probablemente el efecto de calentamiento.

Además, también debemos ser conscientes de nuestra influencia indirecta en la atmósfera, principalmente a través de la alteración de los ciclos biogeoquímicos de la Tierra. Nuestras prácticas agrícolas, por ejemplo, alteran considerablemente los ciclos del nitrógeno y el fósforo, lo que provoca la liberación de potentes gases de efecto invernadero como el óxido nitroso y altera la formación de nubes.

Al contemplar estos múltiples efectos, debe surgir una conciencia crítica. La influencia humana en nuestro entorno no es sólo una cuestión medioambiental, sino también socioeconómica y moral. Los que menos han contribuido al problema, sobre todo las comunidades del mundo en desarrollo pueden soportar las alteraciones climáticas. El cambio climático plantea graves desafíos al desarrollo global y a la justicia social, lo que exige un enfoque imparcial de la mitigación y la adaptación.

Para concluir esta exposición, la pregunta apremiante sigue siendo: ¿hacia dónde vamos a partir de aquí? Aunque la magnitud del enigma pueda parecer abrumadora, está dentro de nuestra capacidad y responsabilidad humanas trazar un rumbo diferente. Esto implica una transformación radical en la forma en que generamos energía, gestionamos la tierra, producimos y consumimos bienes y vemos nuestro lugar en el mundo natural. A medida que avanzamos hacia el futuro, debemos cargar con el peso de esta verdad: nuestro impacto sobre el clima refleja nuestros valores y elecciones como civilización.

Efectos sobre la Biodiversidad y la Salud Mundial

En el gran drama de la vida en la Tierra, el ser humano desempeña el papel de especie dominante, actuando a menudo como director del destino y la fortuna del resto de la biosfera. La culminación de nuestras acciones, especialmente en los últimos siglos, ha provocado una gran tempestad en el orden natural, dando paso a una ola de transformación que afecta tanto a la biodiversidad como a la salud mundial.

La biodiversidad es más que una lista de especies; es una compleja red de vida. La biodiversidad es algo más que un registro de todos los seres vivos; es la encarnación de la variedad y la expresión de la resistencia y la creatividad de la vida. Sin embargo, la actividad humana está provocando una crisis de biodiversidad sin precedentes. La pérdida de hábitats, la contaminación, la sobreexplotación y el cambio climático están acelerando las tasas de extinción de especies hasta niveles nunca vistos desde la última extinción masiva.

Sin embargo, cabe preguntarse por qué debería preocuparnos el destino de otras especies. Nuestra preocupación por la biodiversidad no obedece únicamente a un sentido de responsabilidad moral hacia otras formas de vida. También es una cuestión de interés propio. La biodiversidad sustenta los servicios ecosistémicos de los que dependemos, desde la polinización de los cultivos hasta la purificación del aire y el agua. La pérdida de biodiversidad puede desestabilizar los ecosistemas, reduciendo su resistencia a las perturbaciones y desencadenando potencialmente cascadas ecológicas que podrían interrumpir estos servicios vitales.

Pasando a la salud mundial, nos encontramos inextricablemente entrelazados con el estado de nuestro planeta. Enfermedades infecciosas emergentes como el Zika, el COVID-19 y el Ébola nos recuerdan que nuestra alteración del mundo natural puede tener graves consecuencias para el bienestar. Muchas de estas enfermedades son zoonóticas y se originan en poblaciones de animales salvajes antes de extenderse a los seres humanos. A medida que seguimos degradando los hábitats y aumentando nuestras interacciones con la fauna salvaje, creamos más oportunidades para que se produzcan esos contagios.

El cambio climático también tiene amplias implicaciones para la salud mundial. El aumento de las temperaturas y los cambios en los patrones de precipitaciones afectan a la distribución e intensidad de enfermedades transmitidas por vectores como la malaria y el dengue. La creciente gravedad y frecuencia de las olas de calor pueden provocar estrés térmico y otras enfermedades relacionadas con el calor. Los cambios en las precipitaciones y la temperatura también pueden influir negativamente en la productividad agrícola, provocando inseguridad alimentaria y malnutrición.

Al lidiar con estos efectos sobre la biodiversidad y la salud mundial, debemos reconocer la naturaleza compleja e interconectada de los problemas a los que nos enfrentamos. No son fenómenos aislados, sino síntomas de algo más amplio: un reflejo de nuestra relación con el mundo natural. Abordarlos exige un enfoque sistémico e integrado que vaya más allá del tratamiento de los síntomas y se esfuerce por remediar las causas profundas. Debemos promover una cultura mundial de preocupación y respeto por la biosfera para reconocer el valor inherente de toda existencia y comprender la íntima asociación entre el bienestar de nuestro planeta y el nuestro propio.

Impacto Socioeconómico y Futuro Sostenible

Cuando volvemos la mirada hacia el futuro, lo encontramos teñido de una mezcla de incertidumbre y posibilidad. La trayectoria de nuestra sociedad y nuestra economía nunca ha sido tan decisiva, ya que están influidas por toda una serie de fuerzas, entre las que destacan nuestras acciones y decisiones. En el centro de esta narrativa se encuentra la cuestión de la sostenibilidad: ¿cómo podemos superar los obstáculos actuales para garantizar un destino próspero e igual para todos?

Para comprender este dilema, es crucial reconocer que el concepto de sostenibilidad va más allá de "ser verde". Se trata de fomentar un equilibrio estable entre las consideraciones sociales, económicas y medioambientales. Exige comprender la interacción entre estas esferas y cómo las decisiones en un área afectan invariablemente a las demás.

Nuestro sistema económico, tradicionalmente centrado en el crecimiento incesante y el consumo de recursos, ha dado paso a una era de riqueza y avances tecnológicos sin precedentes. Pero este progreso ha tenido un coste significativo. La degradación medioambiental, la desigualdad de ingresos y las fisuras sociales nos recuerdan la insostenibilidad de este modelo. Por consiguiente, nos encontramos en la cúspide de una coyuntura crucial, que nos obliga a replantearnos nuestro enfoque del desarrollo socioeconómico.

Una perspectiva viable requerirá una transición hacia una economía más circular, que desvincule el crecimiento económico del consumo de recursos. Este modelo valora la eficiencia de los recursos, la minimización de los residuos y el cierre de los circuitos de materiales mediante el reciclaje y la reutilización. También abre vías para nuevos modelos empresariales y la creación de empleo, reduciendo el impacto comunitario de la transformación.

La inclusión y la equidad social también sustentan un futuro sostenible. Una sociedad en la que las oportunidades y los beneficios se distribuyen de forma desproporcionada no puede ser sostenible a largo plazo. Les aseguramos que el cambio hacia la sostenibilidad es justo y promueve la unidad social en lugar de marginar a los que ya son vulnerables.

Por último, debemos abordar el aspecto medioambiental de la sostenibilidad. En nuestra búsqueda de un futuro sostenible, debemos aspirar a vivir dentro de los medios de nuestro planeta, respetando los límites ecológicos, preservando la biodiversidad y mitigando nuestra contribución al cambio climático.

La tecnología será sin duda decisiva para impulsar este cambio. Desde las energías renovables y las infraestructuras ecológicas hasta las plataformas digitales que permiten una economía colaborativa, la innovación tecnológica puede proporcionar las herramientas que necesitamos para establecer un futuro duradero. Sin embargo, la tecnología por sí sola no puede garantizar la sostenibilidad. Se necesitan estructuras institucionales y políticas adecuadas y, lo que es más importante, una mentalidad social que valore la sostenibilidad.

En conclusión, el impacto socioeconómico de nuestras acciones de hoy determinará nuestro mañana. Para garantizar un futuro sostenible y resistente, debemos reorientar nuestras estructuras socioeconómicas hacia la sostenibilidad, luchar por la equidad social y respetar los límites ecológicos de nuestro planeta. Es una tarea formidable, pero podemos conseguirla trabajando juntos, tomando decisiones con conocimiento de causa y manteniendo nuestro compromiso con la sostenibilidad. Al fin y al cabo, el futuro no es un destino, sino un camino que labramos con nuestras acciones y decisiones.

La Era de la Ingeniería Genética

Al adentrarnos en los territorios inexplorados del siglo XXI, llevamos con nosotros un conjunto de herramientas de un poder sin precedentes: la ingeniería genética. Esta rama de la biotecnología nos brinda la oportunidad de explorar la esencia de la vida, con el potencial de transformar la medicina, la agricultura e incluso nuestra comprensión de lo que significa ser humano.

La ingeniería genética se refiere a la manipulación de los genes de un organismo. Es un concepto que en teoría parece sencillo, pero sus implicaciones son profundas. La capacidad de añadir, eliminar o cambiar el material genético de un organismo podría alterar el curso de la vida tal y como la conocemos.

En el ámbito de la medicina, el poder de la ingeniería genética es inmenso. Las terapias génicas, como CRISPR-Cas9, ofrecen un rayo de esperanza para curar trastornos hereditarios, erradicar enfermedades hereditarias y mejorar la salud y la longevidad humanas. Imaginemos un mundo en el que enfermedades como la fibrosis quística o la distrofia muscular pasen a los anales de la historia de la medicina. Este es el futuro que promete la ingeniería genética.

En la agricultura, este avance podría ayudar a hacer frente a las demandas planteadas por el aumento de la población mundial y la evolución de las condiciones climáticas. Los cultivos modificados genéticamente tienen la posibilidad de aumentar la productividad agrícola, mejorar el valor nutricional y crear cultivos más resistentes a plagas, enfermedades y condiciones ambientales adversas. Estos avances podrían desempeñar un papel fundamental en la seguridad alimentaria y la sostenibilidad.

Sin embargo, junto a estas extraordinarias oportunidades, la era de la ingeniería genética también presenta complejos dilemas éticos. La noción de "bebés de diseño", en los que los padres pueden elegir los atributos físicos e intelectuales de sus hijos, suscita profundos interrogantes sobre la naturaleza de la humanidad, la igualdad y los derechos individuales. ¿Quién decide qué rasgos son deseables y quién debe tener acceso a esa tecnología?

Además, los riesgos ecológicos asociados a los organismos modificados genéticamente (OMG) no pueden despreciarse a la ligera. El impacto potencial de los OMG en la biodiversidad, la aparición de "supermalezas" resistentes a los pesticidas y los efectos no deseados en organismos no objetivo deben considerarse cuidadosamente.

La era de la ingeniería genética ha llegado, sin duda, como un potente testimonio del ingenio y la curiosidad humanos. Sin embargo, a medida que aprovechamos esta poderosa tecnología, es esencial que la utilicemos de forma reflexiva, ética y responsable. Puede ser una herramienta para el bien, pero debe utilizarse con un profundo respeto por la complejidad de la vida y un compromiso inquebrantable con la justicia y la equidad. Al fin y al cabo, un gran poder conlleva una gran responsabilidad, una verdad que resuena con fuerza cuando nos adentramos en este nuevo y valiente mundo de potencial heredado.

Consideraciones Éticas de la Edición Genética

A medida que nos adentramos en la era de la ingeniería genética, no sólo llevamos en nuestras manos la promesa de los avances científicos, sino también el peso de las consideraciones éticas. La edición de genes, una técnica que nos ofrece la posibilidad de alterar el ADN de organismos vivos, está en primera línea de este discurso moral. El apasionante potencial científico que alberga debe equilibrarse con las serias preocupaciones que suscita.

En el centro del virtuoso debate de la edición genética está la pregunta fundamental: sólo porque podamos, ¿significa eso que debemos? Aunque hemos desarrollado la tecnología para reescribir el código de la vida, la sabiduría para utilizar esta capacidad es algo que debemos cultivar. El poder de manipular la composición hereditaria de los organismos, incluida nuestra especie, conlleva una gran responsabilidad.

La edición genética promete un futuro libre de trastornos transmisibles y enfermedades potencialmente mortales. Un solo corte en nuestro ADN mediante herramientas como CRISPR podría eliminar las mutaciones transmitidas que causan enfermedades como el Huntington o la anemia falciforme. Se trata de una promesa extraordinaria. Pero también abre la puerta a aplicaciones no terapéuticas, como la mejora de las capacidades físicas o cognitivas humanas. Tal aplicación plantea el espectro de una nueva forma de eugenesia en la que los ricos podrían mejorar su descendencia, exacerbando las desigualdades sociales existentes.

El uso potencial de la edición de genes en embriones humanos, conocida como edición de la línea germinal, presenta otros enigmas. Los cambios realizados en la línea germinal se transmitirían a las generaciones venideras, dando lugar a alteraciones permanentes en el acervo cromosómico humano. Esto plantea consideraciones sobre el consentimiento, ya que los descendientes posteriores no pueden estar de acuerdo con los cambios hereditarios realizados.

Además, nuestro conocimiento del genoma humano dista mucho de ser completo. Una modificación genética beneficiosa podría tener efectos negativos imprevistos, creando nuevas enfermedades y problemas de salud.

En el ámbito medioambiental, la edición genética en la agricultura y la vida salvaje puede afectar a los ecosistemas y la biodiversidad de formas imprevisibles. Por ejemplo, el objetivo de los impulsores genéticos es propagar rápidamente rasgos específicos en una población, lo que podría ayudar a eliminar vectores de enfermedades como los mosquitos. Sin embargo, esta intromisión en la naturaleza podría tener efectos dominó imprevistos, perturbando los ecosistemas y posiblemente causando nuevos problemas.

Para navegar por el campo minado de la edición genética, es crucial un discurso público sólido y una formulación de políticas inclusiva. Para garantizar que se tienen en cuenta diversos puntos de vista, los debates deben ser transparentes e informados, con la participación de científicos, expertos en ética, responsables políticos y el público en general. La regulación debe ser global, ya que sus implicaciones no se limitan a las fronteras geográficas. La cuestión de cómo la empleamos no es sólo científica o médica, sino que pertenece a toda la humanidad. La voz colectiva del mundo debe ser escuchada a la hora de decidir cómo empleamos esta potente tecnología para dar forma a nuestro futuro.

El Papel de la Biotecnología en la Seguridad Alimentaria y la Agricultura

En el gran teatro de la vida, la biotecnología ha cobrado protagonismo, prometiendo soluciones a algunos de los problemas más acuciantes del mundo, uno de los cuales es la seguridad alimentaria. Con el crecimiento de la población mundial y el consiguiente aumento de la demanda de alimentos, la agricultura se enfrenta a una ardua tarea. La biotecnología, con su repertorio de modificación genética y cultivo de precisión, ofrece poderosas herramientas para recorrer este arduo camino.

El poder de la biotecnología radica en su capacidad para mejorar la productividad y la resistencia de la agricultura. La ingeniería de variedades de cultivos ricos en nutrientes, resistentes a las plagas y a la sequía puede responder a la urgente necesidad de una agricultura más eficaz y sostenible. Esto abarca el desarrollo de organismos modificados genéticamente (OMG) que pueden crecer en condiciones subóptimas, permitiéndonos utilizar tierras que antes se consideraban no aptas para la agricultura.

Tomemos el ejemplo del algodón Bt, un cultivo modificado genéticamente para producir una toxina letal para ciertas plagas. La implantación del algodón Bt ha reducido significativamente la necesidad de pesticidas químicos, lo que ha dado lugar a prácticas agrícolas más seguras y a un mayor rendimiento. Del mismo modo, el desarrollo del arroz dorado enriquecido con betacaroteno para paliar la carencia de vitamina A en regiones donde el arroz es un alimento básico demuestra cómo la biotecnología puede mejorar el valor nutricional de los cultivos.

A pesar de las promesas científicas, la adopción de la biotecnología en la agricultura ha encontrado resistencia. Los críticos argumentan que los cultivos reformados de forma natural plantean riesgos para la biodiversidad y las condiciones de los ecosistemas. El predominio de una única variedad de cultivo modificada podría provocar una pérdida de diversidad genética, haciendo que nuestros sistemas alimentarios sean vulnerables a los brotes de enfermedades.

Además, se han debatido las implicaciones éticas de cambiar la naturaleza en nuestro beneficio. Se han planteado cuestiones en torno a los derechos de propiedad intelectual y la corporativización del suministro mundial de semillas, destacando los indicios socioeconómicos de la adopción a gran escala de la biotecnología en la agricultura.

Al sopesar estas consideraciones, resulta evidente que, aunque la biotecnología ofrece posibles soluciones, no es una bala de plata. Su papel a la hora de asegurar nuestro futuro alimentario debe integrarse con una serie de enfoques, como la promoción de la biodiversidad agrícola, el apoyo a los pequeños agricultores y el fomento de prácticas agrícolas sostenibles.

La adopción de la biotecnología en la agricultura no es sólo una decisión científica, sino también social. Requiere un diálogo amplio que incluya las voces de agricultores, consumidores, responsables políticos, científicos y expertos en ética. Este enfoque global nos ayudará a utilizar el potencial de la biotecnología de forma segura y moral, impulsando la eficiencia agrícola y la seguridad alimentaria, al tiempo que protegemos la integridad del planeta.

Preocupaciones humanas contemporáneas: salud mental y desigualdad de ingresos

Al dirigir nuestra atención hacia el interior, observamos dos crisis que están interconectadas y que conforman la condición humana de nuestro tiempo: la creciente crisis de bienestar mental y la brecha cada vez mayor de la desigualdad de ingresos. Estos dos retos están entrelazados de forma compleja, cada uno amplifica los efectos del otro y ambos exigen nuestra atención urgente.

La salud mental, relegada durante demasiado tiempo a la periferia de los debates sanitarios, ha irrumpido en primera línea con una insistente demanda de reconocimiento. El alarmante alcance de la cuestión revela un aumento de la depresión, la ansiedad y otros trastornos psicológicos, que la omnipresente incertidumbre de nuestros tiempos exacerba. Sin embargo, este dilema no es sólo una cuestión de cifras; es una emergencia de compasión, comprensión y actitudes sociales.

La salud mental está íntimamente ligada al tejido de nuestras sociedades y a la forma en que construimos nuestras vidas y nuestras identidades. Es una cuestión personal, pero también social. Las decisiones que tomamos como sociedad —sobre nuestros sistemas económicos, nuestras redes de seguridad social y nuestras políticas educativas y sanitarias— conforman nuestro bienestar mental colectivo.

Al profundizar en la salud mental, nos encontramos con la desigualdad de ingresos en este debate. La disparidad de riqueza e ingresos es un problema que viene de lejos, pero su magnitud e intensidad han aumentado en los últimos años. Las fracciones más ricas de la sociedad siguen amasando riqueza a un ritmo sin precedentes, mientras que muchos otros luchan por llegar a fin de mes.

Sin embargo, la desigualdad de ingresos no se limita a la riqueza material. Tiene que ver con las oportunidades, con el acceso a una educación y una sanidad de calidad y con la capacidad de llevar una vida digna y segura. Además, la desigualdad de ingresos tiene implicaciones significativas en los aspectos psicológicos, contribuyendo al estrés, la ansiedad y los sentimientos de privación de derechos.

Estas preocupaciones humanas modernas se explorarán en los próximos ensayos, donde analizaremos las intrincadas conexiones entre la salud mental y la desigualdad de ingresos. Examinaremos las fuerzas sociales y económicas en juego, esclareceremos las consecuencias personales y comunitarias y reflexionaremos sobre las soluciones. Estos retos son complicados y están

arraigados en nuestras estructuras comunitarias, pero no son insuperables. Abordar estos problemas requiere voluntad colectiva, pensamiento innovador y, lo que es más importante, empatía.

La Epidemia Silenciosa de la Salud Mental

La búsqueda de la comprensión de nuestras mentes, el manantial de nuestros pensamientos, emociones y comportamientos han sido una búsqueda enhebrada a lo largo de la historia de la humanidad. Este viaje nos ha enfrentado a una epidemia silenciosa: los trastornos mentales. Son las cadenas invisibles que atan las silenciosas tormentas que se desencadenan en las mentes de innumerables personas de todo el mundo.

Los trastornos mentales, que engloban enfermedades como la depresión, la ansiedad, la esquizofrenia y el trastorno bipolar, suelen estar rodeados de estigma e incomprensión. Esta desafortunada situación dificulta la detección precoz, el tratamiento y el apoyo social, lo que agrava aún más el carácter silencioso de esta epidemia.

Existe una necesidad acuciante de reconocer que el bienestar psicológico es un componente de la forma física tan importante como el bienestar físico. Esta noción se recoge en la definición de salud de la Organización Mundial de la Salud, que consagra la salud mental como un aspecto crucial de la salud general.

A pesar de la elevada prevalencia y repercusión de los trastornos psicológicos, estos siguen estando marginados en muchos sistemas de bienestar. Esto se refleja en la financiación inadecuada de los servicios de salud mental, la falta de integración en la atención sanitaria general y la escasez de profesionales de la salud mental. Estos hechos ponen de relieve la desatención institucional, que es un aspecto fundamental de este brote sin sonido.

Las consecuencias de estas enfermedades no tratadas se extienden y afectan no sólo a las personas, sino también a las familias, las comunidades y las sociedades. Se cobran un precio considerable en productividad y desarrollo socioeconómico. El reto del bienestar mental está causando una angustia inconmensurable, lo que hace que la propagación silenciada de las afecciones psiquiátricas sea una de las preocupaciones más importantes de nuestra era en materia de derechos humanos.

Sin embargo, el silencio en torno al bienestar psicológico se está rompiendo poco a poco. Los movimientos que promueven su concienciación están ganando terreno, fomentando conversaciones que desafían el estigma y exigen cambios. La tecnología digital lo está redefiniendo, permitiendo que la tele terapia y los recursos digitales de salud mental lleguen a quienes, de otro modo, permanecerían al margen de los servicios tradicionales.

Pero el camino está lejos de terminar. Abordar la epidemia silenciosa y generalizada de la salud psicológica requiere un esfuerzo global y unificado. Implica la asimilación de la atención de salud mental a la atención sanitaria general, la promoción de la alfabetización en salud mental y la movilización de la voluntad social y política para dar prioridad a la salud psicológica. La compasión y la comprensión son las claves para iluminar el camino para salir de las sombras de quienes están atrapados por trastornos de salud mental.

Es nuestra responsabilidad colectiva garantizar que las voces de quienes luchan contra los trastornos mentales no queden relegadas a un eco silencioso, sino que se amplifiquen y se escuchen. Sólo entonces podremos transformar este silencio en una ruidosa revolución por la justicia en salud mental.

Las Redes Sociales y la Salud Mental

A medida que nos adentramos en las aguas inexploradas de la era digital, nos vemos inundados por un aluvión constante de información. El vehículo de esta avalancha de conocimiento, el eje de nuestro mundo conectado, son las redes sociales. Han reconfigurado el tejido social, dando lugar a nuevas formas de comunicación, compromiso e interacción.

Los zarcillos de las plataformas sociales impregnan casi todos los aspectos de nuestras vidas, incluida nuestra enfermedad psicológica. En este ensayo examinamos la compleja relación entre las redes sociales y la salud mental, que puede ser tanto beneficiosa como perjudicial.

Por un lado, los medios sociales pueden funcionar como catalizadores de cambios positivos. Proporcionan plataformas para difundir información y concienciar sobre el bienestar mental, combatir el estigma y fomentar la búsqueda de ayuda. Su poder para conectar a las personas fomenta las comunidades de apoyo. Permite a personas de todos los rincones del planeta compartir sus experiencias, entablar un diálogo y encontrar consuelo en relatos compartidos.

Sin embargo, el reverso tenebroso de esta plataforma pinta un cuadro diferente. La conectividad constante y el flujo incesante de contenidos pueden desencadenar sentimientos de inadecuación, ansiedad y depresión. La perfección a menudo representada en estas plataformas desmiente la realidad de la imperfección humana, cultivando una cultura de la comparación que puede minar la autoestima y propagar una imagen corporal negativa.

Los programas de redes sociales pueden convertirse en escenarios de ciberacoso, ya que el velo del anonimato en línea permite comportamientos perjudiciales. Las víctimas, normalmente adolescentes, tienen que lidiar con las secuelas psicológicas, que pueden ir desde la angustia psicológica hasta la ideación suicida.

La magnitud del acoso en línea y sus implicaciones para el bienestar psicológico plantean cuestiones críticas sobre la responsabilidad de las plataformas de medios sociales. Estas cuestiones se centran en la moderación de contenidos, las políticas de seguridad de los usuarios y el papel que deben desempeñar estas plataformas a la hora de abordar las repercusiones de su uso en la salud mental.

Comprender los efectos de los medios sociales en la salud psicológica también provoca una apreciación matizada de la influencia de la "dieta digital". Al igual que una dieta nutricional, la calidad, la cantidad y el momento de nuestro consumo en línea pueden influir en nuestro bienestar intelectual.

Aunque el diálogo en torno a las redes sociales y la salud psiquiátrica suele estar impregnado de negatividad, es vital recordar la capacidad de cambio positivo que poseen estos principios. Aprovecharlos al tiempo que se mitigan sus efectos nocivos exige estrategias integrales que abarquen la regulación, la educación y la alfabetización automatizada.

La historia de las redes sociales y la salud mental es compleja y aún no se han escrito los últimos capítulos. Lo que está claro, sin embargo, es la urgente necesidad de una investigación rigurosa, una política informada y el compromiso de la sociedad para guiar nuestra comprensión y respuesta a este fenómeno moderno. El bienestar de nuestra generación automatizada depende de ello.

La Salud Mental en el Lugar de Trabajo

A medida que giran los engranajes de nuestro mundo profesional, el fantasmal espectro de los problemas de salud mental se cierne silenciosamente sobre el lugar de trabajo. El bienestar mental en el trabajo no es un lujo, sino una necesidad, un componente fundamental del bienestar de los empleados y del éxito de la organización. Este capítulo explora la compleja interacción entre el estado mental y el trabajo, donde las vulnerabilidades personales a menudo se cruzan con las obligaciones profesionales.

En primer lugar, debemos reconocer la magnitud del problema. El estrés, la ansiedad y la depresión relacionados con el trabajo no son fenómenos aislados, sino realidades omnipresentes. Son los asesinos silenciosos de la productividad, causantes de considerables costes humanos y financieros. Los expertos calculan que las pérdidas económicas mundiales por trastornos psicológicos ascenderán a la asombrosa cifra de tres billones de dólares en 2030. Esta proyección subraya las profundas ramificaciones sociales y económicas de ignorar el bienestar psicológico en el lugar de trabajo.

Los lugares de trabajo pueden ser tanto la causa como el remedio de los problemas de salud mental. Por un lado, el estrés crónico, las largas jornadas laborales, el acoso y la falta de seguridad laboral pueden precipitar o agravar los problemas de salud psicológica. Las expectativas de la cultura de "estar siempre conectado", unidas a la presión por rendir, pueden crear un entorno propicio para el estrés y el agotamiento.

Sin embargo, el lugar de trabajo también tiene la posibilidad de ser un lugar de curación. Unos empleados bien estructurados, programas de bienestar, canales de comunicación eficaces y una cultura organizativa de apoyo pueden mejorar significativamente la salud mental. El entorno laboral puede actuar como plataforma para la identificación e intervención tempranas, reduciendo el estigma en torno a la salud mental y fomentando el comportamiento de búsqueda de ayuda.

Comprender y abordar la salud mental en el lugar de trabajo requiere planteamientos polifacéticos. Los empresarios tienen un papel fundamental que desempeñar, desde la aplicación de políticas de salud mental y el suministro de recursos a los empleados hasta la garantía de un entorno de apoyo y no discriminatorio. Un liderazgo eficaz puede fomentar una cultura de apertura en la que hablar de salud mental sea tan normal como hablar de salud física.

Los empleados también tienen un papel en esta narrativa. Las estrategias de autocuidado, el establecimiento de límites, la búsqueda de ayuda cuando se necesita y el apoyo a los compañeros son elementos vitales para mantener el bienestar mental en el trabajo. No hay que subestimar el poder del apoyo entre compañeros y la empatía en el lugar de trabajo.

Además, el apoyo a la salud mental en el lugar de trabajo debe ser integral, y no limitarse a las intervenciones dirigidas al individuo, sino abordar también los factores estructurales y culturales. Un enfoque de este tipo implicaría promover el equilibrio entre la vida laboral y personal, gestionar la carga de trabajo, mejorar el control del trabajo y abordar cuestiones como el acoso y la discriminación.

La cuestión de la salud mental en el lugar de trabajo es compleja y polifacética, y requiere un compromiso a múltiples niveles: individual, organizativo y social. Abordarla no es sólo una cuestión de responsabilidad empresarial, sino un imperativo para un crecimiento sostenible e integrador. La salud mental debe ser parte integrante de nuestros debates, políticas y prácticas a medida que avanzamos hacia el futuro de la industria. Es importante crear lugares de trabajo que valoren y alimenten el espíritu humano, no sólo por razones económicas, sino como imperativo moral.

El Futuro del Tratamiento de la Salud Mental

El tratamiento de la salud mental está entrando en un periodo de innovación y redefinición mientras miramos hacia territorios inexplorados. Una potente amalgama de tecnología avanzada, investigación en desarrollo y actitudes sociales cambiantes nos está conduciendo a una nueva era en la que el tratamiento puede experimentar cambios transformadores.

En el ámbito de los avances médicos, el futuro de la terapia de la salud mental se muestra prometedor y perplejo a partes iguales. La medicación psiquiátrica tradicional suele presentar un enfoque "de talla única" que pasa por alto la bioquímica única del individuo. Sin embargo, la aparición de la farmacogenómica, que estudia cómo afectan los genes a la respuesta de una persona a los fármacos, puede permitir regímenes de medicación personalizados, aumentando su eficacia y minimizando los efectos adversos.

La psicoterapia también está experimentando un cambio radical. La terapia cognitivo—conductual, la terapia dialéctico-conductual y otros enfoques basados en la evidencia siguen perfeccionándose y ampliándose. La integración de prácticas orientales de atención plena en los remedios representa una nueva ampliación de nuestras herramientas terapéuticas. Las plataformas digitales están revolucionando la administración de una cura, haciéndola accesible a quienes viven en zonas remotas o a quienes prefieren el anonimato de la interacción en línea.

Las nuevas terapias están ampliando nuestros conocimientos. La terapia asistida con psicodélicos, que incluye sustancias como la psilocibina y la MDMA, está volviendo a entrar en el discurso científico tras décadas de estigma cultural y restricciones legales. Los primeros ensayos clínicos sugieren su potencial para tratar trastornos como el TEPT, la depresión y la ansiedad, aunque se necesita más investigación para establecer plenamente su seguridad y eficacia.

También están ganando terreno nuevos remedios neuro tecnológicos, como la estimulación magnética transcraneal y la estimulación cerebral profunda. Aunque estas técnicas están dando sus primeros pasos y entrañan riesgos, son prometedoras para enfermedades resistentes a los tratamientos convencionales.

En medio de estos avances científicos, sin embargo, no debemos perder de vista el elemento humano. El bienestar mental no es la ausencia de enfermedad, sino la presencia de bienestar. Por lo tanto, los enfoques holísticos e integradores que tienen en cuenta el estilo de vida, el contexto sociocultural y las fortalezas individuales probablemente ganarán prominencia. A medida que evolucione nuestra comprensión social de la salud mental, es posible que asistamos a un cambio hacia la prevención y la intervención temprana en lugar de la medicación por sí sola.

Además, el futuro del tratamiento de la salud mental debe abordar las desigualdades sistémicas que limitan el acceso a la atención. Los avances tecnológicos sólo pueden marcar una diferencia significativa si son accesibles y no perpetúan las disparidades existentes en materia de aptitud.

El camino hacia el futuro del tratamiento de la salud mental está lleno de posibilidades y retos. Al recorrer este camino, tenemos una doble responsabilidad: permanecer abiertos a la innovación y mantener nuestro compromiso con una atención ética y basada en la evidencia. En el ámbito de la salud mental, nuestro objetivo no es el mero descubrimiento científico, sino la comprensión, la compasión y la curación humanas.

La Creciente Brecha entre Ricos y Pobres

En la dramática narrativa de la desigualdad económica, la división entre los que tienen y los que no tienen ha surgido como un conflicto insidioso y persistente. La creciente disparidad entre ricos y pobres, lejos de ser una cuestión periférica, es una fisura que atraviesa el corazón de la sociedad contemporánea.

La dinámica de la acumulación de riqueza y de la disparidad de ingresos es muy cruda. La generación de riqueza, en un mundo ideal, debería ser una marea que levantara todos los barcos. Sin embargo, la realidad actual se asemeja más a un géiser que se acumula en la cima. Un pequeño segmento de la sociedad está acumulando riqueza a un ritmo sin precedentes, mientras que una parte sustancial sigue luchando contra el estancamiento de los ingresos y la escalada de los gastos de subsistencia.

Las razones de esta disparidad son múltiples y complejas, y entrelazan los hilos de la globalización, la tecnología, las políticas fiscales y los prejuicios sistémicos. La globalización de los mercados laborales, por ejemplo, ha provocado a menudo una "carrera a la baja", en la que las empresas multinacionales buscan las remuneraciones más bajas, suprimiendo el crecimiento de los ingresos de los trabajadores.

Los avances tecnológicos han creado un arma de doble filo. Si bien la economía digital genera una inmensa riqueza para los que están a la vanguardia, también puede contribuir al desplazamiento de puestos de trabajo y a la disparidad salarial, ya que la automatización afecta a los empleos con menos ingresos.

Las políticas fiscales también desempeñan un papel importante. Las estructuras fiscales regresivas, en las que la carga fiscal recae más sobre los pobres que sobre los ricos, pueden exacerbar la desigualdad de ingresos. La fiscalidad progresiva, en la que los ricos tributan a tipos más altos, puede servir como herramienta de redistribución salarial si se aplica adecuadamente.

Las consecuencias de este abismo creciente van más allá de las dificultades individuales. La desigualdad puede ahogar el crecimiento económico, alimentar el malestar social y socavar las instituciones democráticas. Además, perpetúa un ciclo de desventajas, ya que quienes nacen en la pobreza se enfrentan a obstáculos para acceder a una educación de calidad, a la atención sanitaria y a oportunidades de movilidad ascendente.

Abordar esta brecha cada vez mayor requiere un enfoque concertado y múltiple. Hay una necesidad acuciante de revisar nuestras estructuras fiscales y leyes laborales, asegurándonos de que promueven la equidad y la movilidad económica. Las inversiones en educación y desarrollo de competencias también pueden ayudar a preparar a las personas para las oportunidades y los retos de la economía digital. Además, amortiguar a los afectados por las transiciones económicas requiere el establecimiento de fuertes redes de seguridad social.

El creciente desequilibrio entre ricos y pobres es un espejo que refleja nuestros valores y decisiones sociales. Nos incita a cuestionar el tipo de sociedad que deseamos crear: una definida por fuertes divisiones o una marcada por la prosperidad compartida. Al abordar esta cuestión, haríamos bien en recordar que los sistemas económicos no son fuerzas de la naturaleza, sino construcciones humanas susceptibles de cambio. Está en nuestras manos salvar esta brecha y, al hacerlo, construir un mundo justo e integrador.

El Impacto de la Automatización en la Desigualdad

La incesante marcha de la tecnología nos ha llevado a la era de la automatización, una época en la que las máquinas, los algoritmos y la inteligencia artificial están redefiniendo los contornos del trabajo. El impacto de este cambio de paradigma es amplio y polifacético, pero un aspecto que merece especial atención es el papel de la automatización en la narrativa de la desigualdad de ingresos.

En esencia, la informatización es un proceso de sustitución. Se introducen máquinas y algoritmos para realizar tareas que antes hacía el trabajo humano. Si bien es cierto que esto aumenta la eficiencia y la productividad, también desplaza el trabajo humano, lo que podría ampliar la brecha de la desigualdad de ingresos. El impacto no es homogéneo en todo el espectro de trabajadores. Afecta de manera desproporcionada a los trabajos rutinarios, que suelen estar en el extremo inferior de la escala salarial. Tanto si se trata del trabajador de una fábrica cuyo papel ha sido asumido por una cadena de montaje informatizada como del empleado de entrada de datos cuyo trabajo es redundante gracias a un software inteligente, los individuos que resisten a la mecanización se encuentran a menudo en los bordes precarios de la estructura económica.

La automatización reporta beneficios sustanciales a los propietarios del capital, es decir, a quienes invierten en estas tecnologías, las desarrollan y las despliegan. El ahorro de costes y el aumento de la eficiencia son considerables, lo que impulsa los beneficios y, por tanto, las ganancias de los propietarios del capital. La automatización ha provocado una división entre los que se benefician de ella y los que no, lo que está agravando la brecha de desigualdad de ingresos.

Además, puede tener un efecto polarizador en el mercado laboral. Podría provocar una erosión de los empleos de cualificación media, al tiempo que impulsaría la demanda de funciones tanto de baja como de alta cualificación. Este fenómeno, conocido como "polarización del empleo", puede provocar un "vaciamiento" del mercado laboral, con más puestos de trabajo en los extremos del espectro de cualificaciones (y, en consecuencia, de salarios), alimentando aún más la desigualdad de ingresos.

Abordar el papel de la automatización en la desigualdad de ingresos implica estrategias reflexivas y de iniciativa. Las iniciativas de mejora y reciclaje de las cualificaciones pueden ayudar a los trabajadores en la transición a nuevas funciones en una economía automatizada. Los sistemas de protección social, incluidos los subsidios de desempleo y los programas de reciclaje, también son cruciales para amortiguar el impacto sobre los trabajadores desplazados. Para mitigar los efectos dispares de la automatización, puede ser beneficiosa la aplicación de políticas que garanticen una distribución más razonable de sus ventajas, como la fiscalidad progresiva o los regímenes de participación en los beneficios.

A medida que avanzamos en la era de la automatización, debemos reconocer la posibilidad de que empeore la desigualdad de ingresos. Nos corresponde a nosotros, como sociedad, dar forma a la narrativa de la automatización para garantizar que se convierta en una herramienta para la prosperidad de base amplia en lugar de un catalizador de la disparidad. Al situar a las personas en el centro de nuestra respuesta a la industrialización, podemos esforzarnos por construir una economía inclusiva en la que la tecnología sirva de facilitador, no de divisor.

Desigualdad de Ingresos y Disparidades Sanitarias

A medida que navegamos por los paisajes socioeconómicos del siglo XXI, nos encontramos con una paradoja intrigante y alarmante a la vez. El progreso tecnológico, el desarrollo económico y los avances médicos nos han hecho más prósperos y sanos que nunca. Sin embargo, bajo este barniz de progreso se esconde una dura dicotomía: la desigualdad de ingresos y las disparidades sanitarias persisten y, en muchos aspectos, se están acentuando.

La desigualdad de ingresos no es sólo una cuestión de equidad o justicia social. Tiene repercusiones de gran alcance, sobre todo en la salud. La investigación ha establecido una fuerte correlación entre los niveles de ingresos y los resultados sanitarios. Las personas con ingresos más bajos suelen soportar una mayor carga de problemas de salud, desde enfermedades crónicas a problemas de salud mental.

Una de las principales razones de esta disparidad es el acceso desigual a la atención sanitaria. Los más favorecidos económicamente tienen mejor acceso a la atención médica de calidad, los servicios preventivos y el diagnóstico precoz, lo que redunda en mejores resultados de bienestar. Por el contrario, quienes tienen salarios más bajos, en ausencia de una ayuda médica pública integral o de un seguro médico asequible, pueden aplazar o renunciar a la atención médica necesaria, lo que conlleva peores resultados en materia de salud.

Aparte de la disponibilidad de asistencia sanitaria, la desigualdad de ingresos tiene efectos indirectos sobre la salud. Es más probable que las personas con menos ingresos vivan en barrios con acceso limitado a alimentos sanos, menos oportunidades de actividad física y mayor exposición a toxinas ambientales, todo lo cual puede afectar negativamente a su salud. El estrés financiero y la inseguridad, que son más frecuentes entre los grupos con menores ingresos, también contribuyen a resultados adversos para la salud, incluidos los problemas de salud mental.

Estas disparidades sanitarias, en un cruel giro irónico, pueden perpetuar el ciclo de desigualdad de ingresos. La mala salud puede limitar los logros educativos y las perspectivas laborales, lo que se traduce en menores ingresos a lo largo de la vida. Este ciclo negativo de pobreza no es sólo una tragedia personal; también representa una pérdida de potencial humano a nivel social.

Abordar estas disparidades requiere un enfoque polifacético que va más allá del sector de la atención médica. Provoca políticas sociales encaminadas a reducir la desigualdad de ingresos, incluida una fiscalidad progresiva, una sólida red de seguridad social e inversiones en educación y vivienda asequible. Las políticas sanitarias deben abordar el acceso a una asistencia médica asequible y de calidad y los determinantes sociales de la salud.

En resumen, la intersección de la desigualdad de ingresos y las disparidades sanitarias es una cuestión compleja que requiere un planteamiento integrado y multisectorial. Nos desafía no sólo a abordar los síntomas de la mala salud, sino también a hacer frente a las estructuras sociales subyacentes que contribuyen a estas disparidades. Mientras buscamos soluciones, recordemos que el bienestar no es una responsabilidad individual; es un esfuerzo colectivo, un reflejo del tipo de sociedad que aspiramos a ser.

Soluciones Políticas para Combatir la Desigualdad de Ingresos

El problema de la desigualdad de ingresos ocupa un lugar preponderante en nuestra sociedad actual. Con una brecha de riqueza que parece no hacer más que crecer, se ha vuelto vital para nosotros buscar soluciones que puedan ayudar a mitigar este predicamento global.

Hay que abordar esta cuestión desde varios ángulos. Para empezar, el sistema fiscal es una herramienta importante para abordar la disparidad salarial. Un sistema fiscal progresivo, en el que los ricos tributen a un tipo más alto que los menos pudientes, puede ayudar a distribuir la riqueza de forma más equitativa. Sin embargo, es fundamental ejecutar esta política con sensatez, asegurándose de que no desincentiva la productividad económica ni desalienta la inversión.

Las políticas del mercado laboral también desempeñan un papel fundamental en la lucha contra la desigualdad de ingresos. Un aumento sustancial del salario mínimo, junto con el fortalecimiento de los derechos de negociación colectiva, podría contribuir en gran medida a garantizar que los trabajadores de todos los sectores reciban un salario justo que se corresponda con el coste de la vida. Los problemas de brecha salarial entre hombres y mujeres y razas deben afrontarse de frente, respaldando el compromiso de igual salario por igual trabajo.

Nunca se insistirá lo suficiente en el papel que desempeñan los gobiernos en la prestación de servicios públicos completos y de calidad. Invertir en educación pública, por ejemplo, garantiza que todo el mundo tenga acceso a la herramienta básica de la movilidad socioeconómica, independientemente de su origen económico. Los servicios sanitarios de calidad, asequibles para todos, son igualmente esenciales, ya que no sólo mejoran el bienestar de las personas, sino que también fomentan la productividad y la producción industrial.

El acceso a una vivienda asequible también debe ser una prioridad. El aburguesamiento y el aumento de los precios de la propiedad conducen a menudo a una situación en la que las personas con una remuneración más baja se ven obligadas a abandonar sus barrios, lo que agrava la disparidad. La promoción de políticas de vivienda asequible puede proporcionar a las familias la estabilidad y la seguridad necesarias para vivir con dignidad.

Hay que mirar más allá de estas soluciones políticas tradicionales y explorar enfoques innovadores. Cada vez es más popular el concepto de salario básico universal, que garantiza una determinada cantidad de paga a todos los ciudadanos independientemente de su situación laboral. Este enfoque podría proporcionar una red de seguridad para los más vulnerables, garantizando que no se queden atrás en nuestro panorama económico en transformación.

En última instancia, se necesitan soluciones políticas globales, específicas e innovadoras para combatir la desigualdad de ingresos. Para fomentar una sociedad en la que las oportunidades no se limiten a unos pocos privilegiados, sino que sean un derecho de todos, es importante garantizar el reparto equitativo de los frutos del desarrollo económico. No se trata de un imperativo económico, sino moral, que afirma la dignidad y el valor inherentes de cada individuo.

La última frontera: el espacio

Una nueva frontera, el espacio, se cierne ante nosotros mientras miramos hacia el vasto y enigmático cosmos. La infinita extensión del universo nos ofrece oportunidades de exploración y descubrimiento que eclipsan todo lo que hemos conocido hasta ahora. Sin embargo, esta gran empresa no consiste sólo en avanzar en nuestra comprensión del cosmos, sino también en profundizar en nuestra comprensión de nosotros mismos, nuestras capacidades y nuestras responsabilidades.

La exploración espacial es la prueba definitiva de nuestra destreza científica y tecnológica. La capacidad de atravesar el gran vacío, de aterrizar en cuerpos celestes lejanos e incluso de imaginar la colonización de otros planetas habla de los notables avances que hemos logrado en ciencia y tecnología. Pero este viaje, con toda su grandeza, nos plantea profundos interrogantes: ¿cuáles son las implicaciones éticas de aventurarse en el espacio? ¿Cómo conciliar el afán de descubrimiento con la necesidad de conservación? ¿Qué responsabilidades tenemos hacia estos reinos de otro mundo y hacia las formas de vida que podemos encontrar allí?

A medida que nos adentramos en el cosmos, también debemos volver nuestra mirada hacia la Tierra que llamamos hogar. Las tecnologías que nos impulsan al espacio pueden resolver problemas acuciantes aquí en la Tierra, desde el cambio climático hasta la escasez de energía. En este contexto, explorar el espacio no es sólo aventurarse hacia las estrellas, sino también preservar el planeta que nos sustenta.

La expedición al espacio posee un potente valor simbólico. Ejemplifica la curiosidad humana, la sed de conocimiento y la capacidad de asombro. Es un faro de esperanza y un recordatorio de que somos capaces de hazañas extraordinarias. Y quizás sea una llamada a la unidad. Los retos de la exploración espacial exigen la cooperación internacional y la puesta en común de recursos y conocimientos. En esta empresa común encontramos un poderoso antídoto contra las divisiones que a menudo nos asolan en la Tierra.

En los debates subsiguientes profundizaremos en las posibilidades y los retos de la exploración espacial. Examinaremos los avances tecnológicos que impulsan este viaje, reflexionaremos sobre los dilemas éticos que plantea y exploraremos los beneficios potenciales para nuestro planeta y nuestra especie. El viaje al espacio, como todas las grandes empresas, está plagado de incertidumbres y riesgos.

La Nueva Era Espacial y la Colonización de Marte

Mientras nos encontramos en el precipicio de la nueva era espacial, nuestra mirada se dirige hacia el planeta rojo Marte, que emerge en nuestro imaginario colectivo como la próxima frontera para la exploración humana y quizás para la colonización. Es nuestra responsabilidad examinar las principales cuestiones que afectarán a esta empresa.

La perspectiva de un asentamiento en Marte está impregnada de una mezcla de curiosidad científica, triunfo tecnológico y necesidad existencial. Con la Tierra luchando contra el cambio climático y la superpoblación, Marte se presenta como un potencial "Plan B". Sin embargo, es crucial reconocer que el viaje para hacer de Marte un planeta habitable está plagado de inmensos desafíos.

Desde el punto de vista tecnológico, los obstáculos son considerables, aunque no insuperables. Debemos desarrollar tecnologías de propulsión más avanzadas para reducir el tiempo de viaje, idear formas de proteger a los astronautas de la radiación durante el viaje y establecer hábitats autosuficientes que puedan proporcionar agua, alimentos y aire respirable en el inhóspito entorno marciano.

El impulso hacia la colonización de Marte también presenta una gran cantidad de oportunidades científicas. La historia geológica y climática del planeta podría ser clave para comprender la naturaleza de la evolución planetaria y la posibilidad de vida extraterrestre. El dominio de las tecnologías necesarias también podría tener beneficios indirectos en la Tierra, desde avances en el reciclaje y la producción de energía hasta la ciencia de los materiales.

Sin embargo, más allá de estas consideraciones prácticas, existe una maraña de cuestiones éticas y políticas que exigen nuestra atención. ¿Quién gobernará una colonia en Marte? ¿Cómo garantizar que la explotación de los recursos de Marte no reflejé las injusticias históricas del pasado colonial de la Tierra? Estas cuestiones plantean la necesidad de establecer normas y acuerdos internacionales que garanticen el uso pacífico, justo y sostenible de los recursos extraterrestres.

Además, debemos considerar las implicaciones de la colonización de Marte para la identidad de nuestra especie. Si nos convertimos en una especie interplanetaria, ¿cómo afectará este cambio a nuestra percepción de la nacionalidad, la raza o la religión? ¿Cómo se alteraría la narrativa de la historia humana? Las respuestas a estas minuciosas preguntas determinarán nuestro futuro de formas que apenas podemos imaginar.

En resumen, la colonización de Marte es más que una proeza de ingeniería. Pero debemos asegurarnos de que sea la sabiduría, y no la arrogancia, la que guíe esta audaz empresa en un espíritu de destino compartido, y no de estrecho interés personal. Al zarpar hacia un nuevo mundo, llevemos con nosotros lo mejor de la humanidad.

Consideraciones Éticas de la Exploración Espacial

Atravesando la extensión de las costas cósmicas, nuestro viaje al espacio no es sólo una exploración del cosmos, sino también un examen de nuestra brújula ética y moral. Al explorar la galaxia, debemos enfrentarnos a consideraciones humanas y configurar un marco moral que se ajuste a nuestra era interestelar.

El acto mismo de la exploración galáctica, al tiempo que significa el triunfo del ingenio humano, provoca un importante debate de altura. No se puede eludir la pregunta: ¿debemos, como especie, invertir enormes recursos en expediciones planetarias cuando esos fondos podrían aliviar el sufrimiento y las penurias en nuestro planeta natal? Este dilema encierra el clásico enigma de las necesidades inmediatas frente a la visión a largo plazo. Aunque es esencial abordar los problemas terrestres, es crucial invertir en la exploración espacial, que promete inmensos dividendos científicos, tecnológicos y existenciales.

El respeto por la vida y los entornos extraterrestres es otro aspecto fundamental de dicha exploración. Cualquier forma de vida, incluso microbiana, que se encuentre más allá de la Tierra merece nuestro respeto y protección. Debemos abordar las implicaciones adecuadas de la protección planetaria, tanto para proteger otros mundos de la contaminación por la vida terrestre como para preservar nuestro planeta de posibles riesgos biológicos extraterrestres.

Luego está la cuestión de la explotación de los recursos espaciales. Ante la posibilidad de explotar los asteroides y otros cuerpos celestes, se plantea la pregunta: ¿a quién pertenece el espacio? Cualquier prisa por reclamar la generosidad del cosmos corre el riesgo de repetir las desigualdades históricas del colonialismo. Para los viajes espaciales, debería existir un acuerdo universal que considere el espacio y sus recursos como patrimonio compartido de la humanidad, garantizando una distribución justa y prácticas sostenibles.

Las consideraciones para la colonización humana de otros planetas son enormes. Si alteramos otros planetas para adaptarlos a las necesidades humanas —un proceso llamado trasformación— debemos reflexionar sobre la moralidad de un acto tan grande de manipulación ecológica. El tratamiento de los colonos espaciales, sus derechos, su gobernanza y sus estructuras sociales son cuestiones sobre las que hay que deliberar mucho.

Por último, está la cuestión más amplia, filosófica y ética de las posibles consecuencias de entrar en contacto con civilizaciones extraterrestres avanzadas. Los resultados son impredecibles, con posibilidades que van desde la coexistencia pacífica y el enriquecimiento mutuo hasta el conflicto e incluso el fin de la civilización humana. Esta es quizá la consideración virtuosa más profunda, que exige una cautela extraordinaria y una toma de decisiones colectiva.

Para alcanzar las estrellas, también debemos mirar hacia dentro, a nuestro núcleo ético. El camino no debe ser un sendero de hitos tecnológicos, sino un viaje que eleve nuestra comprensión moral. Puede que las estrellas estén en silencio, pero nuestros debates éticos en torno a la exploración espacial seguirán resonando, guiándonos hacia un futuro que celebre no sólo hacia dónde vamos, sino en quién nos estamos convirtiendo.

Las Consecuencias del Descubrimiento de Vida Extraterrestre

En el gran teatro cósmico, la cuestión de la vida extraterrestre ha cautivado la curiosidad humana durante siglos. Si algún día validamos su existencia, este descubrimiento desplegaría profundas implicaciones para la ciencia, la filosofía y nuestra autoconcepción colectiva, reverberando de hecho en nuestros pensamientos e incluso en la sociedad.

Desde una perspectiva científica, el descubrimiento de vida extraterrestre ampliaría los límites de la ciencia biológica. Supondría una afirmación categórica de la ecuación de Drake, que trata de estimar el número potencial de civilizaciones con las que podríamos comunicarnos en nuestra galaxia. La biología entraría en una nueva época, encargada de estudiar la bioquímica, la evolución y la ecología de los organismos extraterrestres. Además, este descubrimiento confirmaría o rechazaría la teoría de la panspermia, es decir, la hipótesis de que la vida en la Tierra fue "sembrada" desde el espacio.

Desde el punto de vista filosófico, la existencia de vida más allá de nuestro planeta nos obligaría a redefinir nuestra comprensión del significado y el propósito de la vida. Se produciría una humillación existencial que reduciría nuestra "presunción geocéntrica" y reforzaría nuestra insignificancia cósmica. Nuestros sistemas de fe, profundamente arraigados en narrativas centradas en la Tierra, se enfrentarían a profundos interrogantes, y tal vez se encontrarían al borde de un salto evolutivo o de una crisis, exigiendo la reinterpretación de textos y doctrinas ancestrales.

Las implicaciones sociales son de gran alcance. Tal revelación podría catalizar un nuevo sentido de unidad global, o "identidad terrestre", mejorando nuestra percepción de la familia humana colectiva. Como señaló en una ocasión el distinguido cosmólogo Carl Sagan, el descubrimiento de vida extraterrestre podría servir de "espejo" a través del cual la humanidad podría verse a sí misma desde una nueva perspectiva.

Debemos considerar las posibles implicaciones negativas. El descubrimiento podría causar angustia pública, suscitar temores a lo desconocido o incluso incitar a conflictos sobre cómo interactuar con estas entidades extraterrestres. La historia del contacto humano con "el otro", ya sean culturas o especies desconocidas, está plagada de explotación y conflictos, un oscuro pasado que deberíamos tener cuidado de no repetir a escala cósmica.

La perspectiva de la inteligencia extraterrestre plantea cuestiones aún más importantes. ¿Deberíamos intentar comunicarnos y, en caso afirmativo, qué deberíamos decir? ¿Quién representa a la Tierra en este diálogo interestelar? ¿Y si son mucho más avanzados? ¿Nos enfrentaríamos a su subyugación o extinción, o podríamos beneficiarnos de su sabiduría?

En conclusión, el descubrimiento de la existencia extraterrestre alteraría irrevocablemente el lugar de la humanidad en el cosmos, abriendo un nuevo capítulo en nuestra comprensión científica, nuestro discurso filosófico y nuestra evolución social. Este acontecimiento sería un testimonio de nuestro espíritu aventurero y de nuestra insaciable curiosidad, un momento que cambiaría para siempre nuestra visión del cielo y de la vida.

Reflexiones Sobre los Temas Actuales que Moldean la Humanidad

Al explorar el vasto lienzo de nuestra era, se destacan algunos temas vibrantes, cuyos matices definen el espectro de la experiencia humana contemporánea. Estos temas, que abarcan los ámbitos de la tecnología, la sociología, la ética y el medio ambiente, están intrínsecamente entrelazados, reflejando la complejidad característica de nuestra narrativa global compartida.

En el campo de la tecnología, el advenimiento y aceleración de la inteligencia artificial y la ingeniería genética han marcado indeleblemente nuestra época. La promesa de la IA, que corona la revolución digital, plantea tanto emocionantes posibilidades de avance social como inquietantes preocupaciones sobre la relevancia humana en un mundo de máquinas. La ingeniería genética, por otro lado, trae consigo la perspectiva tentadora de derrotar enfermedades y mejorar nuestras capacidades biológicas. Sin embargo, también plantea preocupaciones profundas, desafiando nuestras nociones de identidad, igualdad y la esencia misma de ser humano.

Los temas sociales y éticos están entrelazados con estos cambios tecnológicos. La brecha digital y la automatización han exacerbado aún más la desigualdad de ingresos, una mancha persistente en nuestra conciencia colectiva. La lucha continua por la justicia social, que abarca las complejidades de raza, género y clase, sigue siendo tan crítica hoy como siempre lo ha sido. En medio de estos desafíos, debemos lidiar con las ramificaciones de nuestros avances científicos y la responsabilidad compartida que tenemos en garantizar su despliegue justo.

El espectro del cambio climático, posiblemente la amenaza existencial más potente que enfrentamos pone en relieve nuestra relación con el medio ambiente. Mientras lidiamos con las repercusiones de nuestros errores pasados, también estamos considerando una nueva conexión con el universo a través de la colonización de Marte y la exploración espacial. Ambas empresas subrayan los rasgos humanos esenciales de adaptabilidad y exploración, incluso cuando subrayan la urgencia de nuestra administración ambiental.

El tema de la salud mental, que ahora se acepta ampliamente como un aspecto crítico del bienestar holístico, es un testimonio de nuestra creciente comprensión de la complejidad humana. Desde las estructuras sociales que afectan nuestro bienestar mental hasta el papel de nuestras vidas digitales, la prominencia de la salud mental como discurso es un signo de progreso en nuestra empatía colectiva y autoconciencia.

Por último, la búsqueda continua de vida extraterrestre simboliza nuestra eterna búsqueda de comprender la gran narrativa cósmica y nuestro lugar dentro de ella. Nuestra curiosidad natural y sentido de la maravilla continúan dando forma a nuestras perspectivas filosóficas y científicas, alentándonos a considerar nuestra existencia compartida y la unidad universal.

Nuestra exploración de estos temas y sus implicaciones se realiza con un sentido de humildad y optimismo cauteloso. A medida que navegamos por estas corrientes, damos forma colectivamente a nuestro presente y futuro, embarcándonos en un viaje que es a la vez emocionante y desalentador, gratificante y desafiante, humilde y empoderado.

La interconexión de los temas explorados

Los temas diseccionados dentro de los capítulos anteriores, aunque dispares en naturaleza, revelan, al examinarlos más de cerca, una vasta red interconectada. Son hilos en el tejido de nuestra existencia colectiva, sus armonías y discordancias dan forma a la sinfonía de la narrativa humana.

Tomemos, por ejemplo, la relación simbiótica entre el avance tecnológico y la desigualdad social. Si bien los avances en inteligencia artificial y automatización anuncian un futuro de productividad e innovación sin precedentes, también, paradójicamente, exacerban la brecha entre las clases socioeconómicas. A medida que los trabajos se automatizan, la brecha entre ricos y pobres se ensancha, dibujando una imagen sobria de prosperidad coexistiendo con la desolación.

De manera similar, la intersección entre el bienestar psicológico y nuestras vidas digitales ilumina otra faceta de este intrincado tapiz. Las redes sociales, que se valoran por su capacidad para conectar a personas de todo el mundo, han intensificado involuntariamente los sentimientos de soledad e insuficiencia, resaltando la contradicción en nuestro progreso tecnológico. La necesidad de redefinir el éxito y la productividad es urgente en el lugar de trabajo debido a la presión para rendir en un ambiente altamente competitivo, lo que agrava los problemas de salud mental.

Las ondas de la desigualdad de ingresos, aún más magnificadas por la disparidad tecnológica, también tocan las costas de las disparidades de salud. El abismo entre ricos y pobres se extiende más allá de los recursos financieros, penetrando en los ámbitos de la salud y la longevidad. En una era definida por los avances médicos, la cruel ironía es que el acceso a tales avances a menudo depende de la riqueza, una reflexión conmovedora de nuestras estructuras sociales.

Nuestra exploración del espacio y la búsqueda de vida extraterrestre no son esfuerzos aislados. Reflejan nuestras aspiraciones, nuestra necesidad de exploración y el inagotable espíritu humano de descubrimiento. Sin embargo, también destacan nuestra relación con nuestro planeta natal, un recordatorio oportuno en medio de los embates del cambio climático y un llamado a la administración incluso mientras alcanzamos las estrellas.

Luego, hay consideraciones que se extienden a través de varios temas. Desde la ética de la edición de genes hasta la de la colonización espacial, nuestras brújulas morales se ponen constantemente a prueba. Estamos en una encrucijada donde el progreso científico se encuentra con la obligación ética, lo que nos obliga a reconsiderar nuestros valores y trazar el camino hacia nuestro destino comunal.

A medida que exploramos cada tema más profundamente, nos volvemos más conscientes de su interconexión, destacando la importancia de soluciones integrales que tengan en cuenta estas interdependencias. Porque solo a través de tal entendimiento podemos esperar abordar estos desafíos multifacéticos, dando forma a un futuro que respete el equilibrio delicado entre progreso y equidad, innovación y ética, descubrimiento y responsabilidad.

Un llamado a la acción para abordar estos desafíos

Ante estos numerosos desafíos, sería fácil sucumbir a un sentimiento de desesperación abrumadora. Sin embargo, la historia ha demostrado repetidamente que la mayor fortaleza de la humanidad radica en nuestra capacidad para adaptarnos, innovar y perseverar frente a la adversidad. Debemos movilizar esta resistencia una vez más y dirigirla hacia soluciones integrales.

En primer lugar, debemos trabajar para desarrollar pautas adecuadas para el avance tecnológico. El ritmo actual de innovación supera con creces nuestra capacidad para legislar sus implicaciones éticas. Los sólidos marcos éticos deben mantenerse al ritmo del creciente predominio de las tecnologías de edición de genes e inteligencia artificial. Esto requiere un esfuerzo concertado de científicos, éticos, legisladores y la sociedad en general para fomentar un diálogo que respete la innovación científica mientras prioriza la dignidad humana y la equidad.

En paralelo, debemos abordar la brecha en la desigualdad social y económica que amenaza con profundizarse con el avance de la tecnología. La redistribución de la riqueza y los recursos no es solo un imperativo moral sino también pragmático. Debemos trabajar hacia sistemas fiscales progresivos, invertir en educación y reciclaje, y promover políticas que fomenten la movilidad social y la equidad de ingresos. Un enfoque inclusivo asegurará que los frutos de nuestro progreso se compartan, contribuyendo a la estabilidad social.

La epidemia silenciosa de la salud mental requiere nuestra atención inmediata. Debemos promover un cambio cultural que valore la salud mental junto con la salud física, combatir el estigma y proporcionar recursos accesibles para la salud mental. Fomentar el uso responsable en la era digital requiere que las plataformas incorporen características que prioricen la salud mental de los usuarios. Las organizaciones deben fomentar entornos que valoren el bienestar de los empleados, creando una cultura que comprenda las presiones del lugar de trabajo moderno y proporcione mecanismos de apoyo.

Es crucial que abordemos la nueva era de exploración espacial con un sentido de responsabilidad. La perspectiva de la colonización de Marte y el potencial descubrimiento de vida extraterrestre plantean nuevas consideraciones éticas. Mientras nos esforzamos por alcanzar las estrellas, debemos respetar todas las formas de vida y actuar de manera responsable como cuidadores del universo.

Lo más crítico es que nuestro enfoque de estos desafíos debe ser holístico. Los temas que hemos explorado están intrincadamente conectados, un microcosmos del mundo complejo que habitamos. Las soluciones aisladas no serán suficientes en un mundo donde los límites entre la tecnología, la sociedad y los individuos se difuminan cada vez más. Necesitamos estrategias integrales e interdisciplinarias que reconozcan esta interconexión.

Los desafíos que tenemos ante nosotros son monumentales, pero no insuperables. Con una voluntad colectiva, responsabilidad ética y una visión inclusiva del progreso, podemos navegar por este intrincado tapiz, dando forma a un futuro en el que la innovación florece, la equidad se mantiene y la dignidad humana está en el corazón de nuestro avance. Este es nuestro llamado a la acción. Levantémonos para enfrentarlo.

Observaciones Finales

Cuando miramos al futuro de la humanidad, vemos un horizonte que está lleno de complejidad, oportunidad y paradoja. Vivimos en una época de poder tecnológico sin precedentes que promete soluciones a problemas que han acosado a la humanidad durante siglos. Sin embargo, estos avances, por maravillosos que sean, también proyectan largas sombras que no debemos ignorar.

A lo largo de esta exploración, ha quedado claro que la humanidad está entrelazada en un baile dinámico con la tecnología. Desde los contornos de nuestra salud mental hasta la forma de nuestras estructuras sociales hasta la posible colonización de otros planetas, la tecnología juega un papel fundamental. No es un director omnipotente, sino un instrumento que manejamos. Y como todas las herramientas, su impacto, positivo o negativo, refleja las manos que la sostienen.

Debemos recordar que debajo de las estadísticas de desigualdad, detrás de la pantalla de las redes sociales y más allá de la ciencia de la ingeniería genética, hay historias humanas: narrativas de individuos y comunidades navegando por estos tiempos turbulentos. Este es el latido del corazón de nuestro discurso: el elemento humano. Debemos asegurarnos de que el torbellino del progreso no arrastre la esencia de nuestra humanidad compartida.

Nuestro viaje a través de estos temas no ha sido para predecir el futuro con precisión infalible, ya que tal hazaña está más allá del alcance incluso de las mentes más profundas. Nuestro objetivo era arrojar luz sobre las tendencias que impactan nuestro destino colectivo y fomentar un diálogo más completo. El camino por delante no es un camino predestinado, sino un sendero que trazamos con nuestras acciones, decisiones y, más críticamente, nuestros valores.

Nuestra historia aún no está escrita, y ahí radica nuestra mayor esperanza. Debemos desempeñar un papel activo en la configuración de nuestro futuro en lugar de simplemente observar desde las gradas. Al reconocer y abordar los desafíos que se avecinan y ser conscientes de la interconexión de nuestras acciones, estamos dando los primeros pasos para dirigir el curso de nuestro destino compartido.

Esta no es una historia de condena inevitable o utopía asegurada, sino un llamado a la acción consciente y con propósito. A medida que nos acercamos a una transformación significativa, hagamos elecciones guiadas tanto por el progreso como por los valores humanos de empatía, equidad y administración ética. Que nuestro progreso no solo se defina por cuánto alcanzamos, sino también por cuán profundamente vemos, cuán ampliamente abrazamos y cuán sabiamente actuamos.

Al cerrar este capítulo, recuerda que la parte más importante de esta narrativa aún está por escribirse. Y los autores de ese capítulo son tú y nosotros, todos juntos. Al dar un paso hacia el futuro, hagámoslo con conciencia, con valentía y, lo más importante, con esperanza. Nuestras aspiraciones compartidas y sueños colectivos darán forma al destino de la humanidad, forjando un camino hacia un futuro notable.

Glosario

aprendizaje automático (ML). Inteligencia artificial adaptativa, que denota un tipo de IA que puede adaptarse y mejorar su rendimiento basado en la experiencia y el aprendizaje.

automatización. El desarrollo y uso de tecnologías para generar y distribuir bienes y servicios con limitada intervención humana.

automatización de empleos. El uso de maquinaria automatizada para realizar tareas tradicionalmente realizadas por humanos.

biotecnología. La aplicación de sistemas vivos y organismos en el desarrollo y producción de productos.

blockchain. Un registro digital público y ordenado en el tiempo para documentar transacciones.

cambio climático. Cambios prolongados en la temperatura global, precipitaciones, patrones de viento y otras métricas climáticas.

ciberseguridad. Protección de sistemas, redes y programas contra intrusiones digitales.

cifrado. El método por el cual la información se convierte en un código secreto que oculta el verdadero significado de la información.

colonización de Marte: La hipotética habitación y explotación humana del planeta Marte. **salud mental:** La condición de una persona en relación con su bienestar psicológico y emocional.

combustibles fósiles. Recursos ricos en energía generados por la descomposición de materia orgánica a lo largo del tiempo geológico.

desigualdad de ingresos. Distribución desproporcionada de ingresos, destacando la asignación desigual de ganancias de hogares o individuos dentro de una economía.

economía del conocimiento. Denota una economía que prospera en la cantidad, calidad y accesibilidad de la información digital, en lugar de los medios convencionales de producción.

edición de genes. Modificación específica del ADN en una ubicación específica en el plano genético de un organismo.

energía renovable. Recogida de energía de recursos renovables que se renuevan naturalmente dentro de un marco de tiempo humano.

enfermedades zoonóticas. Enfermedades que se propagan de los animales a los humanos.

exploración espacial. Descubrimiento y exploración de estructuras celestiales mediante el uso continuo de tecnología espacial.

fotónica. La ciencia física y la aplicación de la luz. computación cuántica. Aprovechamiento del comportamiento colectivo de estados cuánticos, como superposición, interferencia y entrelazamiento, para realizar cálculos.

gases de efecto invernadero. Gases atmosféricos que retienen calor, lo que conduce al efecto invernadero y al aumento de las temperaturas globales. Ejemplos notables incluyen dióxido de carbono y metano.

globalización. La interconexión e integración de individuos, empresas y gobiernos en todo el mundo.

Ingreso Básico Universal (IBU). Un marco para otorgar a cada ciudadano en un país o región geográfica una cantidad específica de dinero, independientemente de sus recursos, situación laboral o ingresos.

inteligencia artificial (IA). La emulación de procesos de inteligencia humana por parte de máquinas, particularmente sistemas informáticos.

minería de datos. El proceso de descubrir patrones y conocimientos a partir de grandes cantidades de datos.

nanotecnología. Manipulación atómica y molecular, destacando el control y manipulación precisos de la materia a escala atómica y molecular.

órbita. Trayectoria curva causada por la atracción gravitacional, que destaca la trayectoria de un objeto mientras orbita alrededor de otro cuerpo.

privacidad de los datos. El aspecto de la tecnología de la información que se ocupa de la capacidad de un individuo u organización para controlar qué datos digitales pueden compartirse con terceros.

rendimiento (en agricultura). La cantidad de producción por unidad de tierra.

tecnología. Aplicación de la ciencia para resultados prácticos.

tecnología wearable. Dispositivos electrónicos diseñados específicamente para ser usados en el cuerpo, proporcionando características avanzadas y capacidades.

teletrabajo. Trabajar desde casa, utilizando Internet, correo electrónico y teléfono. telemedicina. Utilización de la tecnología de telecomunicaciones para el diagnóstico y tratamiento remoto de pacientes.

Vehículos Aéreos No Tripulados (UAT). Una aeronave sin piloto humano a bordo. realidad virtual (VR). Una experiencia simulada que puede ser similar o completamente diferente al mundo real.

vehículo híbrido. Un vehículo de doble potencia que emplea tanto la tecnología convencional de motores de combustión interna como los sistemas de propulsión eléctrica.

vida extraterrestre. Vida que puede existir y originarse fuera de la tierra; cuya existencia sigue siendo teórica.

xenotrasplante. El proceso de trasplante de células, tejidos u órganos de una especie a otra.